Racconti in Svedese

Racconti in Svedese per principianti e intermedi

Lars Karlsson

greenthumbpublishing@gmail.com

Contenuti

Introduzione

La lettura di una lingua straniera è uno dei modi più efficaci per migliorare le competenze linguistiche e ampliare il vocabolario. Tuttavia, a volte può essere difficile trovare materiali di lettura coinvolgenti e di livello adeguato, che diano una sensazione di realizzazione e di progresso. La maggior parte dei libri e degli articoli scritti per i madrelingua può essere troppo lunga e difficile da capire, oppure può avere un vocabolario di livello molto alto, per cui ci si sente sopraffatti e si rinuncia. Se questi problemi vi suonano familiari, allora questo libro fa per voi!

Racconti Brevi in Svedese è una raccolta di 25 racconti non convenzionali e divertenti pensati per aiutare gli studenti di livello da principiante a intermedio di Svedese a migliorare le loro competenze linguistiche.

Questi racconti creano un ambiente di lettura di supporto, includendo;

- Ricchi contenuti linguistici in diversi generi per intrattenere l'utente ed esporlo a una varietà di forme di parole.
- Storie brevi in capitoli per darvi la soddisfazione di finire le storie e progredire rapidamente.
- Testi scritti al vostro livello in modo da essere più facilmente comprensibili e non opprimenti.
- Traduzione italiana a pagine alterne per potervi fare riferimento direttamente riga per riga durante la lettura della storia Svedese.
- I vocaboli chiave sono stampati in grassetto lungo tutta la storia e la traduzione per aiutare a capire meglio le parole non familiari.

- Domande di comprensione per testare la comprensione degli eventi chiave e per incoraggiare la lettura più approfondita.

Se volete ampliare il vostro vocabolario, migliorare la vostra comprensione o semplicemente leggere per divertimento, questo libro è il più grande passo avanti che farete nei vostri studi quest'anno. I Racconti Brevi in Svedese vi daranno tutto il supporto di cui avete bisogno, quindi sedetevi, rilassatevi e lasciate correre la vostra immaginazione mentre venite trasportati in un magico mondo di avventura, mistero e intrighi - in Svedese!

Come utilizzare questo libro

La lettura è un talento difficile da padroneggiare. Nella nostra lingua madre usiamo una serie di micro-abilità per aiutarci a leggere. Ad esempio, possiamo sfogliare un brano per avere una comprensione approssimativa del contenuto. Oppure potremmo sfogliare numerose pagine di un orario ferroviario alla ricerca di un orario o di un luogo specifico. Mentre queste micro-abilità sono una seconda natura quando leggiamo nella nostra lingua madre, la ricerca rivela che spesso dimentichiamo la maggior parte di esse quando leggiamo in una lingua straniera. Quando si impara una lingua straniera, di solito si parte dall'inizio di un testo e lo si sfoglia, cercando di capire ogni singola parola. Inevitabilmente, ci imbattiamo in termini sconosciuti o complessi e ci infastidisce l'incapacità di comprenderli.

Uno dei maggiori vantaggi della lettura di una lingua straniera è quello di essere esposti a un gran numero di frasi ed espressioni che vengono utilizzate nelle situazioni quotidiane. La lettura intensiva è un termine usato per descrivere la lettura per piacere al fine di imparare una lingua. Non è come la lettura di un libro di testo, quando le conversazioni o i testi sono concepiti per essere letti lentamente e con attenzione con l'obiettivo di comprendere ogni parola. La "lettura intensiva" si riferisce alla lettura effettuata per raggiungere obiettivi di apprendimento specifici o per completare compiti. In altre parole, la lettura approfondita dei libri di testo di solito favorisce l'apprendimento di regole grammaticali e di un vocabolario particolare, mentre la lettura intensiva di storie favorisce l'apprendimento del linguaggio

naturale.

I Racconti Brevi in Svedese vi offriranno l'opportunità di conoscere meglio la lingua naturale Svedese in uso, anche se forse avete iniziato il vostro percorso di apprendimento delle lingue esclusivamente con i libri di testo. Ecco alcuni suggerimenti da tenere a mente mentre leggete le storie di questo libro per trarne il massimo beneficio: Quando si tratta di leggere, il divertimento e il senso di realizzazione sono fondamentali. Si continua a tornare perché ci si diverte a leggere. Leggere ogni storia dall'inizio alla fine è il metodo migliore per godersi le storie e sentirsi realizzati. Di conseguenza, la cosa più importante è arrivare alla fine di una storia. È più importante che conoscere ogni singola parola.

Più si legge, più si acquisisce conoscenza. Se si leggono libri più grandi per piacere, si acquisisce rapidamente una conoscenza di come funziona la Svedese. Tuttavia, tenete presente che per ottenere tutti i benefici della lettura estensiva, dovete prima leggere un volume sufficientemente consistente. Leggere qualche pagina qua e là può insegnare qualche parola nuova, ma non farà una differenza significativa nel livello generale di Svedese.

Accettate il fatto che non riuscirete a comprendere tutto ciò che leggete in un romanzo. Questo è, senza dubbio, il punto più cruciale! Ricordate sempre che non capire tutte le parole o le frasi è assolutamente accettabile. Non significa che le vostre competenze linguistiche siano inadeguate o che il vostro rendimento sia scarso. Indica che state partecipando attivamente al processo di apprendimento.

Guida alla lettura

Per trarre il massimo beneficio dalla lettura di Racconti Brevi in Svedese, è meglio seguire questo semplice processo di lettura in sei fasi per ogni capitolo dei racconti:

1. Leggete il titolo del capitolo. Pensate al tema della storia. Poi leggete la storia fino in fondo. Il vostro obiettivo è semplicemente quello di arrivare alla fine della storia. Pertanto, non fermatevi a cercare le parole e non preoccupatevi se ci sono cose che non capite. Cercate semplicemente di seguire la trama.

2. Quando arrivate alla fine della storia, scrutate la traduzione italiana per vedere se avete capito cosa è successo e per cogliere il contesto che vi è sfuggito.

3. Tornate indietro e rileggete la stessa storia. Se volete, potete concentrarvi di più sui dettagli della storia rispetto a prima, ma altrimenti leggete semplicemente un'altra volta.

4. Successivamente, leggete le domande di comprensione in Svedese per verificare la vostra comprensione degli eventi chiave della storia. Se non capite completamente le domande, non preoccupatevi. Utilizzate le vostre conoscenze per rispondere al meglio.

5. A questo punto dovreste aver compreso gli eventi principali del capitolo. In caso contrario, potreste rileggere il capitolo alcune volte utilizzando la traduzione per controllare le parole e le frasi sconosciute fino a quando non vi sentirete sicuri.

Una volta che siete pronti e sicuri di aver capito cosa è successo - che sia dopo una o più letture della storia - passate alla storia successiva e continuate a godervi la storia al vostro ritmo, proprio come fareste con qualsiasi altro libro.

Solo una volta completata una storia nella sua interezza, si può pensare di tornare indietro e studiare il linguaggio della storia in modo più approfondito, se lo si desidera. Oppure, invece di preoccuparvi di capire tutto, prendetevi del tempo per concentrarvi su ciò che avete capito e congratularvi con voi stessi per quanto avete fatto.

Racconti in Svedese

Lars Karlsson

Skidåkning

Snön föll mjukt när jag tog mig ner för berget och snittade lätt genom pulvret. Solen tittade precis över **horisonten och** kastade ett rosa och orange sken över himlen. Det skulle bli en vacker dag. Jag nådde botten av berget och stannade vid kanten av skidliften och väntade på att mina vänner skulle komma ikapp mig. Vi hade åkt skidor hela morgonen och tog nu en paus innan vi tog oss an några av de **svårare** spåren. Medan jag väntade kunde jag inte låta bli att lägga märke till hur tyst det var. Det fanns inte ett enda ljud förutom det mjuka suset från skidor på snö. Det var nästan **surrealistiskt**.

Plötsligt hörde jag ett högt ljud bakom mig, följt av skrikande röster. Jag vände mig om precis i tid för att se en av mina vänner flyga igenom. Det nästa jag visste var att jag låg på marken. Mitt **huvud** snurrade och jag kunde inte se någonting. Det ringde i mina öron och allt jag kunde höra var röster. De lät **avlägsna** och dämpade, som om de kom under vattnet. Någon skakade mig försiktigt och ropade mitt namn. Långsamt började världen komma tillbaka till **fokus**. Jag såg oroliga ansikten som tittade ner på mig och kände starka armar som hjälpte mig att sätta mig upp. Jag måste ha slagit i huvudet ganska hårt för allting gjorde

Sci

La neve cadeva dolcemente mentre scendevo lungo la montagna, solcando la polvere con facilità. Il sole faceva appena capolino all'**orizzonte**, proiettando un bagliore rosa e arancione nel cielo. Sarebbe stata una giornata bellissima. Arrivato in fondo alla collina, mi fermai sul bordo dello skilift, aspettando che i miei amici mi raggiungessero. Avevamo sciato tutta la mattina e stavamo facendo una pausa prima di affrontare le piste più **difficili**. Mentre aspettavo, non potei fare a meno di notare quanto fosse silenzioso. Non c'era un solo suono, a parte il soffice fruscio degli sci sulla neve. Era quasi **surreale**.

All'improvviso, sentii un forte schianto dietro di me, seguito da voci urlanti. Mi girai appena in tempo per vedere uno dei miei amici che volava attraverso di me. Subito dopo mi ritrovai a terra. La **testa** mi girava e non riuscivo a vedere nulla. Le orecchie mi fischiavano e sentivo solo delle voci. Sembravano **lontane** e ovattate, come se provenissero da sott'acqua. Qualcuno mi scuoteva dolcemente e chiamava il mio nome. Lentamente il mondo cominciò a tornare a **fuoco**. Vidi volti preoccupati che mi guardavano e sentii braccia forti che mi aiutavano a mettermi a sedere. Dovevo aver sbattuto forte la testa perché mi faceva male tutto. Ma

ont. Men tack och lov, efter några minuters vila började smärtan försvinna och jag kunde tänka klart igen. Tack och lov verkade alla andra också vara okej, även om vi alla var ganska **skakade av vad som** hade hänt.

Vi bestämde oss för att sluta för dagen efter den skräcken, men inte utan att lova varandra att vi skulle komma tillbaka **i morgon**. Det här **berget var** trots allt inte på väg någonstans. Så vi höll vårt löfte och återvände nästa dag. Och dagen efter det blev skidåkning snabbt vårt favoritsysselsättning, något som vi såg fram emot varje helg. Med åren växte vi alla upp och flyttade bort från varandra. Men oavsett hur långt ifrån varandra vi var, var det varje gång vi träffades som om de sorglösa dagarna på berget aldrig hade tagit slut. Och nu, även om vi alla är vuxna och har våra egna liv, tar vi oss fortfarande tid att åka i backen tillsammans. För för oss är skidåkning inte bara en **hobby**. Det är en livsstil.

fortunatamente, dopo qualche minuto di riposo, il dolore cominciò ad attenuarsi e riuscii a pensare di nuovo con chiarezza. Per fortuna, anche gli altri sembravano stare bene, sebbene fossimo tutti piuttosto **scossi da** quanto era accaduto.

Dopo questo spavento decidemmo di chiudere la giornata, ma non prima di esserci promessi che saremmo tornati **domani**. Dopo tutto, questa **montagna** non andava da nessuna parte. Così abbiamo mantenuto la promessa e siamo tornati il giorno dopo. E il giorno dopo lo sci divenne rapidamente il nostro passatempo **preferito**, qualcosa che aspettavamo con ansia ogni fine settimana. Con il passare degli anni, tutti noi siamo cresciuti e ci siamo allontanati l'uno dall'altro. Ma non importa quanto fossimo distanti, ogni volta che ci riunivamo era come se quei giorni spensierati in montagna non fossero mai finiti. E ora, anche se siamo tutti adulti con le nostre vite, troviamo ancora il tempo per andare sulle piste insieme. Perché per noi lo sci non è solo un **hobby**. È uno stile di vita.

Frågor om förståelse

1. Vad lägger huvudpersonen märke till om berget?

2. Vad gör huvudpersonen när de kommer ner till kullens botten?

3. Vad tänker huvudpersonen när de hör kraschen bakom sig?

4. När börjar huvudpersonen åter komma i fokus?

5. Vad ser huvudpersonen när han eller hon ser sig omkring?

6. Vad bestämmer sig vännerna för att göra efter händelsen?

7. Varför gillar huvudpersonen skidåkning?

8. Hur känner sig huvudpersonen när de åker skidor med sina vänner?

9. Vart åker vännerna när de åker skidor tillsammans?

10. Vad betyder skidåkning för huvudpersonen?

Domande di comprensione

1. Cosa nota il protagonista della montagna?

2. Cosa fa il protagonista quando arriva in fondo alla collina?

3. Cosa pensa il protagonista quando sente lo schianto alle sue spalle?

4. Quando il protagonista comincia a tornare a fuoco?

5. Cosa vede il protagonista quando si guarda intorno?

6. Cosa decidono di fare gli amici dopo l'incidente?

7. Perché al protagonista piace sciare?

8. Come si sente il protagonista quando scia con i suoi amici?

9. Dove vanno gli amici quando sciano insieme?

10. Cosa significa sciare per il protagonista?

Köttbullar

Köttbullarna brände i **pannan och** doften fick mig att vattnas i **munnen.** Jag kunde inte vänta på att få äta dem! Jag hade lagat mat hela morgonen och allt var klart. Bordet var dukat och salladen stod i kylskåpet. Allt som återstod var att servera maten. Jag lade tre köttbullar på varje tallrik, tillsammans med lite av **såsen** från pannan. Sedan lade jag till en skopa potatismos och några gröna bönor. Slutligen garnerade jag varje tallrik med en kvist persilja. Det såg ut som en festmåltid! Och det smakade ännu bättre än det såg ut. Köttbullarna var saftiga och smakrika och såsen var perfekt. Det dröjde inte länge innan vi alla var proppfulla av läckerheter. Det var nästa dag och jag tänkte redan på köttbullarna. Jag kunde helt enkelt inte få dem ur huvudet! Jag bestämde mig för att göra en omgång till **lunch** så att jag kunde äta dem igen.

Jag följde receptet exakt, och snart nog brände de i stekpannan. Doften fick mig att vattnas i munnen igen. Men den här gången hände något annat också... Min **mage** började knorra! Det lät som om den ville ha en av dessa köttbullar. Så det var vad jag gjorde. Jag tog en ur pannan och stoppade den i munnen. Och den smakade ännu bättre än i går! Den saftiga, smakrika köttbullen i kombination med den **perfekta** såsen var

Polpette

Le polpette sfrigolavano nella **padella** e l'odore mi faceva venire l'acquolina in **bocca**. Non vedevo l'ora di mangiarle! Avevo cucinato tutta la mattina e tutto era pronto. La tavola era apparecchiata e l'insalata era in frigorifero. Non restava che servire il cibo. Ho messo tre polpette su ogni piatto, insieme a un po' del **sugo della** padella. Poi ho aggiunto una porzione di purè di patate e dei fagiolini. Infine, ho guarnito ogni piatto con un rametto di prezzemolo. Sembrava un banchetto! E il sapore era ancora più buono di quanto sembrasse. Le polpette erano succose e saporite e la salsa era perfetta. Non ci volle molto prima che fossimo tutti pieni di delizie. Era il giorno dopo e già pensavo a quelle polpette. Non riuscivo a togliermele dalla testa! Decisi di prepararne un'infornata per il **pranzo**, in modo da poterle mangiare di nuovo.

Ho seguito la ricetta alla lettera e ben presto i piatti sfrigolavano in padella. Il profumo mi faceva venire di nuovo l'acquolina in bocca. Ma questa volta stava succedendo anche qualcos'altro... Il mio **stomaco** ha iniziato a brontolare! Sembrava che volesse una di quelle polpette. Così ho fatto così. Ne ho presa una dalla padella e l'ho messa in bocca. E il sapore era ancora più buono di ieri! La polpetta succosa e

helt enkelt för mycket att motstå. Inom kort fanns det inga köttbullar kvar i pannan... eller i min mage. Jag började bli lite orolig. Det hade gått några dagar sedan jag senast hade ätit köttbullar och jag började känna abstinensbesvär. Jag började darra och min mage knorrade hela tiden. Jag visste att jag behövde en ny fix snart. Så jag satte återigen **igång med att** göra en omgång köttbullar.

Den här gången fördubblade jag dock receptet. Det borde räcka för att hålla mig vid liv ett tag. Medan de kokade började min mun vattnas av **förväntan**. Och när de var klara, oj, vad goda de var! Till och med bättre än tidigare! Såsen var perfekt och köttbullarna smälte bara i munnen. Läckert. Jag började tänka att jag kanske hade ett problem. Jag åt köttbullar varje dag nu, och jag kunde inte få nog av dem. De var allt jag kunde tänka på. **Frukost**, lunch och middag, det spelade ingen roll. Om det fanns köttbullar på menyn så var det vad jag åt. Mina vänner och min familj började också oroa sig för mig. De kunde se hur mycket jag hade gått ner i vikt och de visste att något inte stod rätt till. Men vad de än sa eller gjorde kunde de inte övertyga mig om att sluta äta köttbullar. Jag visste innerst inne att detta inte var hälsosamt för mig... men jag kunde helt enkelt inte låta bli!

saporita, unita alla salsa **perfetta**, era davvero troppo per resistere. In breve tempo, non c'erano più polpette nella padella... o nel mio stomaco. Cominciavo a preoccuparmi. Erano passati alcuni giorni dall'ultima volta che avevo mangiato polpette e cominciavo a sentire i sintomi dell'astinenza. Mi sentivo tremante e il mio stomaco brontolava in continuazione. Sapevo di aver bisogno di un'altra dose al più presto. Così, ancora una volta, mi misi al **lavoro** per preparare un'infornata di polpette.

Questa volta, però, ho raddoppiato la ricetta. Dovrebbe essere sufficiente per un po' di tempo. Mentre cuocevano, mi è venuta l'acquolina in bocca per **l'attesa**. E quando sono stati fatti, oh cavolo, erano buoni! Anche meglio di prima! Il sugo era perfetto e le polpette si scioglievano in bocca. Deliziose. Cominciavo a pensare che forse avevo un problema. Ormai mangiavo polpette tutti i giorni e non ne avevo mai abbastanza. Non riuscivo a pensare ad altro. A **colazione**, a pranzo e a cena; non importava. Se c'erano polpette nel menu, le mangiavo. Anche i miei amici e la mia famiglia cominciavano a preoccuparsi per me. Vedevano quanto ero dimagrita e sapevano che c'era qualcosa che non andava. Ma qualunque cosa dicessero o facessero, non riuscivano a convincermi a smettere di mangiare polpette. Sapevo nel profondo che non era salutare per me... ma non riuscivo a farne a meno!

Frågor om förståelse

1. Vad gör huvudpersonen när hon är sugen på köttbullar?

2. Vad sa huvudpersonens läkare till henne?

3. Hur känner huvudpersonen för köttbullar nu?

4. Vad lägger huvudpersonen på sin tallrik?

5. Hur gör huvudpersonen sina köttbullar?

6. Vad tänker huvudpersonen på när hon lagar köttbullarna?

7. Vad säger huvudpersonens familj till henne om hennes köttbullsberoende?

8. Vad gör huvudpersonen när hon känner abstinensbesvär?

9. Vad är huvudpersonens sista halmstrå?

10. Vad var huvudpersonens mål?

Domande di comprensione

1. Cosa fa la protagonista quando ha voglia di polpette?

2. Cosa le ha detto il medico della protagonista?

3. Come si sente ora il protagonista nei confronti delle polpette?

4. Cosa mette nel piatto la protagonista?

5. Come fa la protagonista a preparare le sue polpette?

6. A cosa pensa la protagonista mentre cucina le polpette?

7. Che cosa le dice la famiglia della protagonista riguardo alla sua dipendenza dalle polpette?

8. Cosa fa la protagonista quando avverte i sintomi dell'astinenza?

9. Qual è l'ultima spiaggia per il protagonista?

10. Qual era l'obiettivo del protagonista?

Norrsken

Norrskenet har alltid varit en källa till **förundran** för mig. Som barn låg jag i sängen och stirrade på dem i timmar och föreställde mig hur det skulle vara att röra vid dem. Nu, som vuxen, skulle jag äntligen få min chans. Jag var på en resa till Sverige med min bästa vän när vi bestämde oss för att jaga ljusen. Vi körde upp i bergen, bort från stadens ljus, och hittade en plats att slå upp vårt läger på. Sedan väntade vi. När natten föll började himlen fyllas med färg. Först var det ett **svagt** grönaktigt sken, sedan dök strimmor av rosa och lila upp över himlen. Och slutligen kom den magnifika uppvisning av virvlande färger som vi hade kommit för att se: norrskenet. Vi såg med häpnad på när **ljusen** dansade över oss. Det liknade ingenting som jag någonsin hade sett förut.

Jag kände en plötslig lust att röra vid dem och innan jag visste ordet av **sprang** jag mot dem. Min vän ropade på mig, men jag var redan för nära. Jag kunde känna värmen från ljusen på min hud när jag sträckte mig för att röra vid dem. Och sedan, plötsligt, föll jag. Jag vaknade en tid senare och låg på marken. Norrskenet var borta, och det var min vän också. Jag försökte resa mig upp, men mitt **ben** var skadat och jag kunde inte röra mig. Jag låg där i flera timmar och väntade på att

L'aurora boreale

L'aurora boreale è sempre stata una fonte di **meraviglia** per me. Da bambina, mi sdraiavo a letto e le fissavo per ore, immaginando come sarebbe stato toccarle. Ora, da adulta, stavo finalmente per avere la mia occasione. Ero in viaggio in Svezia con la mia migliore amica quando decidemmo di andare a caccia di luci. Andammo in montagna, lontano dalle luci della città, e trovammo un posto dove accamparci. Poi abbiamo aspettato. Al calar della notte, il cielo cominciò a riempirsi di colori. All'inizio c'era un **debole** bagliore verdastro, poi sono apparse strisce di rosa e viola sopra le nostre teste. E infine, il magnifico spettacolo di colori vorticosi che eravamo venuti a vedere: l'aurora boreale. Abbiamo osservato con stupore le **luci** danzare sopra di noi. Non avevo mai visto nulla di simile.

Sentii un'improvvisa voglia di toccarli e, prima di rendermene conto, stavo **correndo** verso di loro. Il mio amico mi chiamò, ma ero già troppo vicino. Sentivo il calore delle luci sulla mia pelle mentre allungavo la mano per toccarli. E poi, all'improvviso, stavo cadendo. Mi sono svegliata qualche tempo dopo, sdraiata a terra. L'aurora boreale era sparita e anche il mio amico. Cercai di alzarmi, ma la mia **gamba** era ferita e non potevo muovermi. Rimasi lì per ore, aspettando che

hjälp skulle komma. Men ingen kom. Så småningom började det bli mörkt igen och kylan satte in. När mörkret sluter sig kring mig ser jag återigen ljusen: virvlande färger över himlen som tycks håna mig med sin **skönhet**. Och sedan blev allting svart. Jag vaknade till **ljudet** av röster. Jag hade blivit räddad!

Min vän hade gått för att hämta hjälp när jag sprang iväg och gick vilse. När jag bars ner för **berget** på en bår kunde jag inte låta bli att titta tillbaka på norrskenet. De var fortfarande där, dansade på himlen som om ingenting hade hänt. Jag fördes till **sjukhus och** behandlades för mina **skador**. Men även nu, månader senare, kan jag inte glömma den magiska natten när jag jagade ljusen. Och en dag ska jag åka tillbaka.

arrivassero i soccorsi. Ma non arrivò nessuno. Alla fine cominciò a calare di nuovo la notte e il freddo si fece sentire. Mentre l'oscurità si stringeva intorno a me, vidi di nuovo le luci: colori vorticosi in alto che sembravano prendersi gioco di me con la loro **bellezza**. E poi tutto divenne nero. Mi svegliai al **suono** delle voci. Mi stavano salvando!

Il mio amico era andato a cercare aiuto quando sono scappato e mi sono perso. Mentre venivo portato giù dalla **montagna** con una barella, non ho potuto fare a meno di guardare l'aurora boreale. Erano ancora lì, a danzare nel cielo, come se non fosse successo nulla. Sono stato portato in **ospedale** e curato per le mie **ferite**. Ma ancora oggi, a distanza di mesi, non riesco a dimenticare quella notte magica a caccia di luci. E un giorno ci tornerò.

Frågor om förståelse

1. Vad var huvudpersonens barndomsdröm?

2. Hur kände huvudpersonen för norrskenet?

3. Vad hände när huvudpersonen sprang mot norrskenet?

4. Var befann sig huvudpersonen när han eller hon vaknade?

5. Varför gick huvudpersonens vän för att få hjälp?

6. Hur såg norrskenet ut när huvudpersonen räddades?

7. Vilken var huvudpersonens skada?

8. Vart fördes huvudpersonen efter att ha räddats?

9. När planerar huvudpersonen att åka tillbaka?

10. Vad var huvudpersonens upplevelse överlag?

Domande di comprensione

1. Qual era il sogno d'infanzia del protagonista?

2. Cosa prova il protagonista nei confronti dell'aurora boreale?

3. Cosa è successo quando il protagonista è corso verso l'aurora boreale?

4. Dov'era il protagonista quando si è svegliato?

5. Perché l'amico del protagonista è andato a chiedere aiuto?

6. Com'era l'aurora boreale quando il protagonista è stato salvato?

7. Qual è stata la ferita del protagonista?

8. Dove è stato portato il protagonista dopo essere stato salvato?

9. Quando pensa di tornare il protagonista?

10. Qual è stata l'esperienza complessiva del protagonista?

Stockholm

Stockholm är en vacker stad. Gatorna är kantade av **träd och** byggnaderna är alla olika vita nyanser. Det är en fridfull plats, men det är något med den som känns fel. Kanske beror det på att jag kommer från Amerika och inte är van vid sådan lugn och ro. Jag är här på semester med min **pojkvän** Anders. Vi bor i en liten Airbnb nära Gamla Stan, Gamla stan i Stockholm. Vi anlände igår och har varit på upptäcktsfärd sedan dess. Idag bestämde vi oss för att ta en promenad på Södermalm, en av Stockholms ö-distrikt. När vi gick kunde jag inte låta bli att lägga märke till hur tomma gatorna var. Det var inte många människor ute och rörde sig som man skulle förvänta sig i en stor stadsdel i centrum som denna, som normalt sett är full av aktivitet dag och natt oavsett årstid. Men idag? kusligt tyst Nästan för **tyst**.

Vi vandrade en stund och tog in stadens sevärdheter och ljud. Men oavsett vart vi gick, blev känslan av **obehag** bara starkare. Jag försökte skaka av mig den och intalade mig själv att jag bara var paranoid. Men Anders verkade också känna det. Han tittade hela tiden över axeln och kastade en nervös blick omkring sig. Till slut bestämde vi oss för att gå tillbaka till vårt Airbnb. Vi var båda utmattade av all **vandring** och behövde

Stoccolma

La città di Stoccolma è un luogo bellissimo. Le strade sono fiancheggiate da **alberi** e gli edifici sono tutti di diverse tonalità di bianco. È un luogo tranquillo, ma c'è qualcosa che non mi convince. Forse perché vengo dall'America e non sono abituata a tanta pace e tranquillità. Sono qui in vacanza con il mio **ragazzo**, Anders. Alloggiamo in un piccolo Airbnb vicino a Gamla Stan, il centro storico di Stoccolma. Siamo arrivati ieri e da allora stiamo esplorando la città. Oggi abbiamo deciso di fare una passeggiata a Södermalm, uno dei quartieri insulari di Stoccolma. Mentre camminavamo, non ho potuto fare a meno di notare quanto fossero vuote le strade. Non c'erano molte persone in giro, come ci si aspetterebbe in un quartiere del centro **città** come questo, che normalmente è pieno di attività giorno e notte, indipendentemente dalla stagione. Oggi, invece, c'era un silenzio quasi **eccessivo**.

Camminammo per un po', ammirando i panorami e i suoni della città. Ma ovunque andassimo, quella sensazione di **disagio** non faceva che aumentare. Cercai di scrollarmela di dosso, dicendomi che ero solo paranoica. Ma anche Anders sembrava sentirla. Continuava a guardarsi alle spalle e a guardarsi intorno nervosamente. Alla fine decidemmo di tornare

ändå en paus. När vi gick tillbaka kunde jag inte låta bli att lägga märke till hur varenda butik och restaurang vi passerade hade sina fönsterluckor nere trots att det fortfarande var tidig eftermiddag. Vad är det som händer? Är det något slags evenemang som äger rum i dag som jag inte känner till? När vi kom tillbaka till vårt Airbnb fann vi att våra värdar hade lämnat en **lapp** till oss där det stod att de hade gått ut för dagen och inte skulle vara tillbaka förrän sent på kvällen. Det är märkligt. Varför skulle de gå ut när det uppenbarligen är något på gång i staden? Oavsett så bestämde Anders och jag oss för att **utnyttja att vi** hade stället för oss själva och tog en lång tupplur.

Det var mörkt när vi vaknade från vår tupplur. Vi var båda utsvultna, så vi bestämde oss för att ge oss ut i staden på jakt efter mat. Men så fort vi klev **ut** insåg vi att något definitivt var fel. Gatorna var helt tomma nu - inte en själ i sikte. Alla lampor var släckta i alla **byggnader,** vilket fick staden att se ut som en spökstad. Det var kusligt och oroväckande. Vi gick ett tag utan att riktigt veta vart vi skulle eller vad vi letade efter. Det var som om staden hade övergivits. Men sedan hörde vi på avstånd rop och **skrik**.

al nostro alloggio. Eravamo entrambi esausti per tutto il **camminare** e avevamo comunque bisogno di una pausa. Mentre tornavamo indietro, non ho potuto fare a meno di notare come ogni singolo negozio e ristorante che abbiamo incrociato avesse le serrande abbassate, nonostante fosse ancora primo pomeriggio. Che cosa sta succedendo? C'è qualche evento che si svolge oggi di cui non sono a conoscenza? Quando siamo tornati al nostro Airbnb, abbiamo scoperto che i nostri padroni di casa ci avevano lasciato un **biglietto** in cui dicevano che erano usciti per la giornata e che non sarebbero tornati fino a tarda sera. È strano. Perché dovrebbero uscire quando è chiaro che in città sta succedendo qualcosa? Comunque sia, Anders e io abbiamo deciso di **approfittare** del fatto di avere la casa tutta per noi e ci siamo fatti un lungo pisolino.

Quando ci siamo svegliati dal nostro pisolino era già buio. Avevamo entrambi fame, così decidemmo di avventurarci in città alla ricerca di cibo. Tuttavia, non appena **uscimmo**, ci rendemmo conto che qualcosa non andava. Le strade erano completamente vuote, non c'era anima viva. Tutte le luci degli **edifici** erano spente e la città sembrava una città fantasma. Era inquietante e snervante. Camminammo per un po', senza sapere bene dove stessimo andando o cosa stessimo cercando. Era come se la città fosse stata abbandonata. Ma poi, in lontananza, abbiamo sentito urla e **grida**.

Frågor om förståelse

1. Vad tycker huvudpersonen om Stockholm?

2. Var bor huvudpersonen i Stockholm?

3. Vad tycker huvudpersonen är konstigt med staden?

4. Vem är med huvudpersonen?

5. Vad lägger de märke till om staden när de går runt?

6. Vad hittar de när de kommer tillbaka till sitt Airbnb?

7. Vad gör de när de inte kan hitta mat?

8. Vad hör de på avstånd?

9. Vad gör de när de hör ljudet?

10. Vad anser huvudpersonen om staden i slutet av texten?

Domande di comprensione

1. Qual è l'opinione del protagonista su Stoccolma?

2. Dove alloggia il protagonista a Stoccolma?

3. Cosa pensa il protagonista di strano della città?

4. Chi è con il protagonista?

5. Cosa notano della città mentre camminano?

6. Cosa trovano quando tornano al loro Airbnb?

7. Cosa fanno quando non trovano cibo?

8. Cosa sentono in lontananza?

9. Cosa fanno quando sentono il rumore?

10. Qual è l'opinione che il protagonista ha della città alla fine del testo?

ABBA

Första gången jag såg ABBA var på TV. Min mamma och pappa satt i **vardagsrummet och** tittade på något varietéprogram när plötsligt dessa fyra personer dök upp på skärmen och sjöng och dansade av hela sitt hjärta. De såg så lyckliga och bekymmerslösa ut - det var som om de befann sig i en helt annan **värld.** Jag minns att jag tänkte för mig själv att jag ville vara precis som dem en dag.

Några år senare var jag äntligen gammal nog att se ABBA på konsert. Jag minns att jag var så uppspelt när vi körde till **arenan,** mitt hjärta bankade i bröstet hela vägen dit. Så snart de gick upp på scenen var jag fascinerad. De var ännu bättre live än de var på TV! Deras energi var smittsam och jag kunde inte låta bli att dansa med alla andra i **publiken**. Det var en oförglömlig upplevelse. När jag numera hör en ABBA-låt på radion tar det mig tillbaka till den första **konserten för** alla dessa år sedan.

Det är otroligt hur något så enkelt kan väcka så starka **minnen - men** det är precis vad musik gör. Den har förmågan att föra oss tillbaka till olika ögonblick i våra liv, bra eller dåliga, glada eller ledsna. Och av den anledningen kommer ABBA alltid att ha en **speciell**

ABBA

La prima volta che ho visto gli ABBA è stato in televisione. Mia madre e mio padre erano seduti in **salotto a** guardare un programma di varietà, quando all'improvviso apparvero sullo schermo queste quattro persone che cantavano e ballavano a squarciagola. Sembravano così felici e spensierati, come se fossero in un **mondo** completamente diverso. Ricordo di aver pensato che un giorno avrei voluto essere come loro.

Qualche anno dopo, finalmente ero abbastanza grande per andare a vedere gli ABBA in concerto. Ricordo che ero così eccitato quando abbiamo guidato fino all'**arena**, con il cuore che mi batteva nel petto per tutto il tragitto. Non appena salirono sul palco, rimasi ipnotizzato. Erano ancora più bravi dal vivo che in TV! La loro energia era contagiosa e non potevo fare a meno di ballare insieme a tutti gli altri **spettatori**. È stata un'esperienza indimenticabile. Oggi, ogni volta che sento una canzone degli ABBA alla radio, mi riporta a quel primo **concerto di** tanti anni fa.

È incredibile come qualcosa di così semplice possa riportare alla mente **ricordi** così forti**, ma è** proprio questo che fa la musica. Ha il potere di trasportarci in momenti diversi della nostra vita, belli o brutti, felici o

plats i mitt hjärta. Så om du någonsin känner dig nedstämd, eller om det känns som om världen är emot dig, kom ihåg att det alltid finns **musik** som kan lyfta ditt humör. Och vem vet? Kanske har du också en dag turen att få se ABBA live på konsert - jag lovar att det kommer att vara värt det. Tills dess, fortsätt **dansa** och ge aldrig upp dina drömmar.

tristi. Per questo motivo, gli ABBA occuperanno sempre un posto **speciale** nel mio cuore. Quindi, se vi sentite giù o come se il mondo fosse contro di voi, ricordate che c'è sempre la **musica** a risollevarvi il morale. E chi lo sa? Forse un giorno anche voi avrete la fortuna di vedere gli ABBA dal vivo in concerto: vi assicuro che ne varrà la pena. Fino ad allora, continuate a **ballare** e non rinunciate mai ai vostri sogni.

Frågor om förståelse

1. Vilket tv-program tittade författarens föräldrar på när de såg ABBA för första gången?

2. Vad tyckte författaren om ABBA när de såg dem på TV?

3. När såg författaren sin första ABBA-konsert?

4. Hur kändes det för författaren att åka till konserten?

5. Hur var ABBA live jämfört med TV?

6. Vad säger författaren om ABBA nu?

7. Vad säger författaren om musik i allmänhet?

8. Vad säger författaren att man ska göra om man känner sig nedstämd?

9. Vad är författarens slutmål?

10. Vad säger författaren att ABBA alltid kommer att vara för dem?

Domande di comprensione

1. Quale programma televisivo guardavano i genitori dell'autore quando hanno visto per la prima volta gli ABBA?

2. Cosa pensava l'autore degli ABBA quando li ha visti in TV?

3. Quando è stato il primo concerto degli ABBA dell'autore?

4. Come si è sentito l'autore mentre guidava per andare al concerto?

5. Com'erano gli ABBA dal vivo rispetto alla TV?

6. Cosa dice l'autore degli ABBA ora?

7. Che cosa dice l'autore della musica in generale?

8. Cosa dice l'autore di fare se ci si sente giù di morale?

9. Qual è l'obiettivo finale dell'autore?

10. Cosa dice l'autore che gli ABBA saranno sempre per loro?

Ice Hotel

Ice Hotel i Sverige är en plats som inte liknar någon annan. Det är helt och hållet gjort av **is,** och det är helt hisnande. Varje år kommer människor från hela världen för att uppleva dess unika skönhet. I år är det särskilt en **kvinna som** dras till Ice Hotel. Hon har gått igenom några tuffa tider nyligen och känner att hon behöver ett miljöombyte. Kanske är det här stället precis vad hon behöver för att få sitt liv på **rätt köl** igen.

Så snart hon kliver in vet hon att det är något speciellt med det här stället. Hon kan känna den positiva **energin som** sprids från alla håll. Hon bestämmer sig för att stanna ett tag och se vad det här stället har att erbjuda. Kvinnan tillbringar sina dagar med att utforska ishotellet och allt det har att erbjuda. Hon träffar en del **intressanta** människor och hon får till och med följa med på några äventyr. Ju mer tid hon tillbringar här, desto mer inser hon att det här stället är precis vad hon behöver. Hon börjar känna sig som sig själv igen, och hon börjar till och med tänka på sin framtid. Kanske är det här som hon ska vara. Kanske är det här hon kommer att hitta **lyckan** igen.

Så småningom är det dags för kvinnan att lämna Ice Hotel. Hon är ledsen över att gå, men hon vet att det är dags. Hon är **tacksam** för allt som det här stället har

Hotel di ghiaccio

L'Ice Hotel in Svezia è un luogo unico nel suo genere. È fatto interamente di **ghiaccio ed è** assolutamente mozzafiato. Ogni anno, persone da tutto il mondo vengono a sperimentare la sua bellezza unica. Quest'anno, una **donna** in particolare è attratta dall'Ice Hotel. Di recente ha attraversato momenti difficili e sente di aver bisogno di un cambiamento di scenario. Forse questo posto è proprio quello che le serve per rimettere **in** sesto la sua vita.

Non appena entra, si rende conto che questo posto ha qualcosa di speciale. Sente l'**energia** positiva che emana da ogni direzione. Decide di fermarsi per un po' e di vedere cosa ha da offrire questo posto. La donna trascorre le sue giornate esplorando l'hotel di ghiaccio e tutto ciò che ha da offrire. Incontra persone **interessanti** e vive anche qualche avventura. Più tempo trascorre qui, più si rende conto che questo posto è esattamente ciò di cui ha bisogno. Inizia a sentirsi di nuovo se stessa e a pensare al suo futuro. Forse è qui che deve stare. Forse è qui che troverà di nuovo la **felicità**.

Alla fine, per la donna arriva il momento di lasciare l'Ice Hotel. È triste andarsene, ma sa che è arrivato il momento. È **grata** per tutto ciò che questo luogo le ha

gett henne, och hon vet att det alltid kommer att ha en speciell plats i hennes hjärta. När hon går ut i solljuset känner hon sig som en ny människa. Hon är redo att ta sig an vad livet än kastar på henne härnäst, och hon vet att **ingenting** kan stoppa henne nu. Kvinnan glömmer aldrig sin tid på Ice Hotel. Det är en plats som förändrade hennes liv, och hon kommer alltid att vara tacksam för det. Hon fortsätter att leva sitt liv fullt ut och hon vet att allt är möjligt nu. Tack vare Ice Hotel hittade hon sig själv igen. Och hon vet att hon aldrig kommer att tappa bort det som verkligen är **viktigt** i livet.

dato e sa che occuperà sempre un posto speciale nel suo cuore. Quando esce alla luce del sole, si sente una persona nuova. È pronta ad affrontare qualsiasi cosa la vita le riservi e sa che ora **nulla** può fermarla. La donna non dimentica mai il periodo trascorso all'Ice Hotel. È un luogo che le ha cambiato la vita e di cui sarà sempre grata. Continua a vivere la sua vita al massimo e sa che ora tutto è possibile. Grazie all'Ice Hotel ha ritrovato se stessa. E sa che non perderà mai di vista ciò che è veramente **importante** nella vita.

Frågor om förståelse

1. Vad är Ice Hotel i Sverige?

2. Vad är kvinnans anledning till att besöka Ice Hotel?

3. Hur känner sig kvinnan när hon för första gången kliver in i Ice Hotel?

4. Vad gör kvinnan under sin tid på Ice Hotel?

5. Hur känner sig kvinnan när hon måste lämna Ice Hotel?

6. Vilken lärdom får kvinnan av sin tid på Ice Hotel?

7. Vad säger kvinnan om Ice Hotel?

8. Hur förändrar Ice Hotel kvinnans liv?

9. Hur ser kvinnan på livet efter sin tid på Ice Hotel?

10. Vad glömmer kvinnan aldrig om sin tid på Ice Hotel?

Domande di comprensione

1. Che cos'è l'Ice Hotel in Svezia?

2. Qual è il motivo che spinge la donna a visitare l'Ice Hotel?

3. Cosa prova la donna quando entra per la prima volta nell'Ice Hotel?

4. Cosa fa la donna durante il suo soggiorno all'Ice Hotel?

5. Come si sente la donna quando deve lasciare l'Ice Hotel?

6. Quale lezione trae la donna dal periodo trascorso all'Ice Hotel?

7. Cosa dice la donna dell'Ice Hotel?

8. In che modo l'Ice Hotel cambia la vita della donna?

9. Qual è la prospettiva di vita della donna dopo il periodo trascorso all'Ice Hotel?

10. Che cosa non dimentica mai la donna del periodo trascorso all'Ice Hotel?

Dala häst

Dalahästen i trä har snittats av en skicklig **hantverkare i den** lilla staden Dalarna i Sverige. Den tillverkades av en enda träbit och målades med ljusa färger. Hästen var tänkt att vara en leksak för barn, men den blev snabbt populär även bland vuxna. Människor började samla på dem och ställa ut dem i sina **hem**. Dalahästen blev en symbol för svensk kultur och tradition. Den representerade det hårda arbetet och hantverket hos folket i Dalarna. Hästarna gavs ofta som gåvor till vänner och familjemedlemmar. De användes också som **dekorationer** vid bröllop och andra speciella tillfällen. På senare år har Dalahästens popularitet ökat ännu mer. Turister från hela världen kommer till Dalarna för att se dessa vackra hästar som visas upp i butiker och gallerier. Vissa människor har till och med låtit tatuera dem på sina kroppar! Mia är född och uppvuxen i Dalarna, så hon har alltid varit bekant med **Dalahästen**.

När hon var liten snickrade hennes farfar en sådan till henne i trä. Den var Mias mest **värdefulla** ägodel och hon tog den med sig överallt. Som vuxen har Mia nu en liten butik i Dalarna där hon säljer **handgjorda** Dalahästar. Hon älskar att se den glädje som dessa hästar ger människor. Varje dag ser hon turister från hela världen komma in i hennes butik för att köpa

Cavallo Dala

Il cavallo di legno Dala è stato intagliato da un abile **artigiano** nella piccola città di Dalarna, in Svezia. È stato ricavato da un unico pezzo di legno e dipinto con colori vivaci. Il cavallo era destinato a essere un giocattolo per bambini, ma divenne presto popolare anche tra gli adulti. Le persone cominciarono a collezionarli e a esporli nelle loro **case**. Il cavallo Dala divenne un simbolo della cultura e della tradizione svedese. Rappresentava il duro lavoro e la maestria degli abitanti di Dalarna. I cavalli venivano spesso regalati ad amici e familiari. Venivano anche utilizzati come **decorazioni** per matrimoni e altre occasioni speciali. Negli ultimi anni, la popolarità del cavallo Dala è cresciuta ulteriormente. Turisti da tutto il mondo vengono in Dalarna per vedere questi bellissimi cavalli esposti in negozi e gallerie. Alcuni se li fanno addirittura tatuare sul corpo! Mia è nata e cresciuta a Dalarna, quindi ha sempre avuto familiarità con il **cavallo** Dala.

Quando era bambina, suo nonno ne intagliò uno per lei nel legno. Era il bene più **prezioso** di Mia e lo portava con sé ovunque. Da adulta, Mia possiede un piccolo negozio a Dalarna dove vende cavalli Dala **fatti a mano**. Ama vedere la gioia che questi cavalli portano sul volto delle persone. Ogni giorno vede turisti da

dessa speciella souvenirer. Mia är väldigt stolt över sitt svenska arv och Dalahästen är en stor del av det. För Mia representerar dessa hästar allt som är bra med Sverige: hårt arbete, hantverk och tradition. Dalahästen har varit en del av Annas familj i **generationer**. Hennes farfars farfar snickrade en till hennes mormor när hon var liten. Nu har Anna fört traditionen vidare till sin egen dotter. Varje år på julafton samlas familjen runt granen och sjunger svenska sånger. I mitten av rummet står deras vackra Dalahäst, omgiven av presenter. Det är en speciell stund som alla ser fram emot och som påminner dem om deras rika **arv**.

Annas dotter älskar att höra berättelser om Sverige och dess kultur. Hon är fascinerad av dessa hästar och kan inte vänta på att starta en egen samling en dag. John och hans fru Sarah var på semester i Sverige när de såg sin första Dalahäst. De blev genast charmade av dessa vackra trähästar och bestämde sig för att köpa en som en souvenir. När de kom hem placerade de Dalahästen på sin **spiselkrans**. Den var en daglig påminnelse om deras underbara resa till Sverige. Varje gång de tittade på den kände de sig glada och nostalgiska. Några år senare fick John och Sarah en liten flicka. De döpte henne till Mia, efter Johns svenska favoritstad.

tutto il mondo entrare nel suo negozio per acquistare questi souvenir speciali. Mia è molto orgogliosa delle sue origini svedesi e il cavallo Dala ne è una parte importante. Per Mia, questi cavalli rappresentano tutto ciò che di buono c'è in Svezia: il duro lavoro, l'artigianato e la tradizione. Il cavallo Dala fa parte della famiglia di Anna da **generazioni**. Il suo bisnonno ne intagliò uno per sua nonna quando lei era bambina. Ora Anna ha tramandato la tradizione a sua figlia. Ogni anno, la vigilia di Natale, la famiglia si riunisce intorno all'albero e canta canzoni svedesi. Al centro della stanza c'è il loro bellissimo cavallo Dala, circondato da regali. È un momento speciale che tutti attendono con ansia e che ricorda loro il loro ricco **patrimonio**.

La figlia di Anna ama ascoltare storie sulla Svezia e sulla sua cultura. È affascinata da questi cavalli e non vede l'ora di iniziare una propria collezione un giorno. John e sua moglie, Sarah, erano in vacanza in Svezia quando hanno visto il loro primo cavallo Dala. Sono rimasti immediatamente affascinati da questi bellissimi cavalli **di legno** e hanno deciso di acquistarne uno come souvenir. Quando tornarono a casa, misero il cavallo Dala sulla **mensola del camino**. Era un ricordo quotidiano del loro meraviglioso viaggio in Svezia. Ogni volta che lo guardavano, si sentivano felici e nostalgici. Qualche anno dopo, John e Sarah ebbero una bambina. La chiamarono Mia, come la città svedese preferita di John.

Frågor om förståelse

1. Varifrån kommer Dalahästarna?

2. Hur tillverkas de?

3. Vad representerar de?

4. Hur länge har de funnits?

5. Vad betyder författarens farfar för henne?

6. Vad arbetar författaren med?

7. Vad betyder Dalahästen för Annas familj?

8. Hur kände sig John och Sarah efter resan till Sverige?

9. Vilken är författarens svenska favoritstad?

10. Var har Mia sin Dala-häst?

Domande di comprensione

1. Da dove vengono i cavalli Dala?

2. Come sono fatti?

3. Cosa rappresentano?

4. Da quanto tempo sono in circolazione?

5. Che cosa significa per l'autrice il nonno?

6. Che lavoro fa l'autore?

7. Che significato ha il cavallo Dala per la famiglia di Anna?

8. Come si sono sentiti John e Sarah dopo il loro viaggio in Svezia?

9. Qual è la città svedese preferita dall'autore?

10. Dove tiene Mia il suo cavallo Dala?

Gamla Stan

Första gången jag såg Gamla Stan var en kall vinterdag. Gatorna var täckta av snö och luften var så krispig att det kändes som om mina lungor frös vid varje andetag. Jag minns att jag tänkte för mig själv hur vackert det måste vara här på sommaren. Jag hade dock inte mycket tid att beundra utsikten eftersom jag var tvungen att gå till mitt möte. Min klient hade sagt att han skulle **vänta på** mig vid caféet på Stora Nygatan, så jag tog mig fram genom de slingrande gatorna tills jag hittade det. Så fort jag gick in visste jag att något var fel. Det fanns människor som satt hopkrupen runt borden och **pratade** i dämpade toner, och det fanns en kuslig känsla i luften. Sedan såg jag honom - min klient - sitta i ett hörnbås med en skräckfylld blick i **ansiktet**.

Jag närmade mig honom försiktigt, utan att veta vad jag skulle förvänta mig. Han såg upp på mig med lättnad i ögonen och vinkade åt mig att sätta mig ner. "Vad är det som händer?" Jag frågade honom. "Varför är folk så rädda?" Han lutade sig nära mig och sänkte **rösten** innan han talade. "Det finns ett monster som är löst i Gamla Stan", sa han. "Det har dödat människor." Jag visste inte vad jag skulle säga. Jag hade hört talas om monster tidigare, men jag hade aldrig riktigt trott att de existerade. Men här i Gamla Stan verkade det som om

Gamla Stan

La prima volta che ho visto Gamla Stan è stata in una fredda giornata **invernale**. Le strade erano coperte di neve e l'aria era così frizzante che mi sembrava di congelare i polmoni a ogni respiro. Ricordo di aver pensato a quanto dovesse essere bello qui in estate. Non ho avuto molto tempo per ammirare il panorama, però, perché dovevo andare alla mia riunione. Il mio cliente mi aveva detto che mi avrebbe **aspettato** al caffè di Stora Nygatan, così mi sono fatta strada tra le strade tortuose fino a trovarlo. Non appena entrai, capii che qualcosa non andava. C'erano persone raccolte intorno ai tavoli **che parlavano** in tono sommesso e c'era una sensazione inquietante nell'aria. Poi vidi lui, il mio cliente, seduto in un banco d'angolo con un'espressione di terrore sul **volto**.

Mi avvicinai con cautela, non sapendo cosa aspettarmi. Mi guardò con sollievo negli occhi e mi fece cenno di sedermi. "Cosa succede?" Gli chiesi. "Perché la gente è così spaventata?". Si avvicinò e abbassò la **voce** prima di parlare. "C'è un mostro in libertà a Gamla Stan", disse. "Sta uccidendo delle persone". Non sapevo cosa dire. Avevo già sentito parlare di mostri, ma non avevo mai creduto che esistessero. Ma qui a Gamla Stan sembrava che tutto fosse possibile. "Hai idea di cosa

allt var möjligt. "Har du någon aning om vad det är?" Jag frågade honom. "Har du sett det?" Han skakade på **huvudet** och sa att han inte hade sett den men att alla pratade om den. Monstret kommer tydligen bara ut på natten, så ingen vet hur det ser ut. Allt de vet är att det är stort och skrämmande och att det dödar människor. Jag sa till honom att jag skulle undersöka saken och se om jag kunde få reda på något mer om **monstret**. Han tackade mig och skyndade sig sedan iväg och lämnade mig **ensam** i caféet med mina tankar.

Jag bestämde mig för att ta en promenad i Gamla Stan och se om jag kunde hitta några ledtrådar om monstret. Gatorna var tomma, vilket var märkligt för en så livlig plats. Vanligtvis fanns det folk som gick omkring, till och med mitt i natten, men nu var det som om alla hade försvunnit. Jag svängde runt ett hörn och såg något som fick mitt **blod att** rinna kallt. **Fotspår** i snön som ledde in i en gränd. Det fanns bara en uppsättning fotspår, så det som gjorde dem måste ha varit väldigt stort. Jag följde fotspåren försiktigt, utan att veta vad jag skulle hitta i slutet av dem. De ledde mig in i en mörk gränd där jag inte kunde se någonting förutom två glödande ögon som stirrade tillbaka på mig från mörkret. Innan jag ens hann skrika var monstret över mig. Det var stort och pälsigt, med **vassa** tänder och klor. Jag kämpade tillbaka så gott jag kunde, men det var för starkt. Det drog mig in i mörkret, och det är det sista jag minns innan allt blev **svart**.

sia?”. Gli chiesi. “L’hai visto?”. Lui scosse la **testa** e disse che non l’aveva visto, ma che tutti ne parlavano. A quanto pare il mostro esce solo di notte, quindi nessuno sa che aspetto abbia. Tutto ciò che sanno è che è grande e spaventoso e che uccide le persone. Gli dissi che mi sarei informato e avrei visto se riuscivo a scoprire qualcosa di più sul **mostro**. Mi ringraziò e se ne andò in fretta, lasciandomi **solo** nel caffè con i miei pensieri.

Decisi di fare una passeggiata a Gamla Stan per vedere se riuscivo a trovare qualche indizio sul mostro. Le strade erano vuote, il che era strano per un luogo così frequentato. Di solito c’era gente in giro, anche nel cuore della notte, ma ora era come se tutti fossero spariti. Girato un angolo, vidi qualcosa che mi fece gelare il **sangue**. **Impronte** nella neve che conducevano a un vicolo. C’era una sola serie di impronte, quindi chiunque le avesse fatte doveva essere molto grande. Seguii le impronte con cautela, senza sapere cosa avrei trovato alla fine. Mi condussero in un vicolo buio dove non potevo vedere nulla, tranne due occhi luminosi che mi fissavano dall’oscurità. Prima ancora che potessi urlare, il mostro mi fu addosso. Era grande e peloso, con denti e artigli **affilati**. Mi difesi meglio che potei, ma era troppo forte. Mi trascinò nell’oscurità e questa è l’ultima cosa che ricordo prima che tutto diventasse **nero**.

Frågor om förståelse

1. Vad gör huvudpersonen när han för första gången ser sin klient på kaféet?

2. Vad berättar huvudpersonens klient att det händer i Gamla Stan?

3. Varför tror du att huvudpersonen bestämmer sig för att ta en promenad i Gamla Stan?

4. Vad hittar huvudpersonen när de följer fotspåren i snön?

5. Vad känner huvudpersonen när han ser monstret?

6. Hur ser monstret ut?

7. Hur försöker huvudpersonen kämpa mot monstret?

8. Varför tror du att huvudpersonen blir svart?

9. Vad tror du händer med huvudpersonen efter att han eller hon har fått en blackout?

10. Tror du att huvudpersonen kommer att kunna hitta monstret? Varför eller varför inte?

Domande di comprensione

1. Cosa fa il protagonista quando vede per la prima volta il suo cliente nel bar?

2. Cosa dice il cliente del protagonista che sta accadendo a Gamla Stan?

3. Secondo te, perché il protagonista decide di fare una passeggiata a Gamla Stan?

4. Cosa trova il protagonista quando segue le impronte nella neve?

5. Come si sente il protagonista quando vede il mostro?

6. Che aspetto ha il mostro?

7. In che modo il protagonista cerca di reagire al mostro?

8. Perché, secondo te, il protagonista ha un vuoto di memoria?

9. Cosa pensate che succeda al protagonista dopo il blackout?

10. Pensi che il protagonista riuscirà a trovare il mostro? Perché o perché no?

Drottningholms slott

Drottningholms slott är en vacker plats. Det har varit hem för många svenska kungligheter och är nu ett världsarv. Slottet ligger på en ö i Mälaren, strax utanför Stockholm. Ön ägdes en gång i tiden av kungafamiljen, men gavs till det svenska folket 1661. Slottet har bevarats väl och används fortfarande av kungafamiljen i dag. Det är också öppet för **besökare** från hela världen. Jag är en av de lyckliga besökare som får se detta fantastiska palats på nära håll. När jag går genom dess storslagna salar och rum kan jag föreställa mig hur livet måste ha varit för **kungligheterna för flera** hundra år sedan. Även om tiderna har förändrats är det något med denna plats som får mig att känna att jag kliver tillbaka i tiden. På min sista dag på Drottningholms slott tar jag en sista promenad runt på den fantastiska parken **innan jag** åker hem.

När jag beundrar utsikten över Mälaren fångar jag något i ögonen. På avstånd ser jag en grupp människor i traditionella **kläder som** går mot mig. De bär på musikinstrument och ser ut att vara redo att uppträda. När de når mig börjar de spela livlig musik och dansa. Det är en så glad syn att jag inte kan låta bli att delta! Vi

Palazzo Drottningholm

Il Palazzo di Drottningholm è un luogo bellissimo. È stato la dimora di molti reali svedesi ed è ora Patrimonio dell'Umanità. Il palazzo si trova su un'isola del **lago** Mälaren, appena fuori Stoccolma. Un tempo l'isola era di proprietà della famiglia reale, ma fu donata al popolo svedese nel 1661. Il palazzo è stato ben conservato ed è ancora oggi utilizzato dalla famiglia reale. È anche aperto ai **visitatori** di tutto il mondo. Io sono uno di quei fortunati visitatori che hanno la possibilità di vedere da vicino questo straordinario palazzo. Camminando per le sue grandi sale e stanze, posso immaginare come doveva essere la vita dei **reali** secoli fa. Anche se i tempi sono cambiati, c'è qualcosa in questo luogo che mi fa sentire come se stessi facendo un salto indietro nel tempo. L'ultimo giorno che trascorro a Palazzo Drottningholm, faccio un'ultima passeggiata nel suo splendido parco **prima di** ripartire per casa.

Mentre ammiro il panorama del lago Mälaren, qualcosa cattura la mia attenzione. In lontananza, vedo un gruppo di persone vestite con **abiti** tradizionali che camminano verso di me. Portano strumenti musicali e sembrano pronti a esibirsi. Quando mi raggiungono,

dansar tillsammans fram till **kvällen,** då de äntligen tar farväl av mig. När jag ser dem försvinna i mörkret vet jag att denna magiska upplevelse kommer att stanna kvar hos mig för alltid. Kapitel 1 Drottningholms slott är en vacker plats. Det har varit hem för många svenska **kungligheter** och är nu ett världsarv. Slottet ligger på en ö i Mälaren, strax utanför Stockholm. Ön ägdes en gång i tiden av kungafamiljen, men gavs till det svenska folket 1661. **Slottet** har bevarats väl och används fortfarande av kungafamiljen i dag. Det är också öppet för besökare från hela världen.

Jag är en av de lyckliga besökare som får se detta fantastiska palats på nära håll. När jag vandrar genom dess storslagna salar och rum kan jag **föreställa mig hur** livet måste ha varit för kungligheterna för flera hundra år sedan. Även om tiderna har förändrats är det något med denna plats som får mig att känna att jag **kliver** tillbaka i tiden. På min sista dag på Drottningholms slott tar jag en sista promenad runt på den fantastiska parken innan jag åker hem. När jag beundrar utsikten över Mälaren fångar **något** mitt öga. I fjärran ser jag en grupp människor i traditionella kläder gå mot mig. De bär på musikinstrument och ser ut att vara redo att uppträda.

iniziano a suonare musica vivace e a ballare. È uno spettacolo così gioioso che non posso fare a meno di partecipare! Abbiamo ballato insieme fino al **tramonto**, quando finalmente mi hanno salutato. Mentre li guardo scomparire nell'oscurità, so che questa magica esperienza rimarrà con me per sempre. Capitolo 1 Il Palazzo di Drottningholm è un luogo bellissimo. È stato la dimora di molti **reali** svedesi ed è ora Patrimonio dell'Umanità. Il palazzo si trova su un'isola del lago Mälaren, appena fuori Stoccolma. Un tempo l'isola era di proprietà della famiglia reale, ma fu donata al popolo svedese nel 1661. Il **palazzo** è stato ben conservato ed è ancora oggi utilizzato dalla famiglia reale. È inoltre aperto ai visitatori di tutto il mondo.

Sono uno dei fortunati visitatori che hanno la possibilità di vedere da vicino questo straordinario palazzo. Camminando per i suoi grandi saloni e le sue stanze, riesco a **immaginare** come doveva essere la vita dei reali secoli fa. Anche se i tempi sono cambiati, c'è qualcosa in questo luogo che mi fa sentire come se stessi **facendo un salto** indietro nel tempo. L'ultimo giorno che trascorro al Palazzo di Drottningholm, faccio un'ultima passeggiata nel suo splendido parco prima di ripartire per casa. Mentre ammiro la vista sul lago Mälaren, **qualcosa** cattura la mia attenzione. In lontananza, vedo un gruppo di persone vestite con abiti tradizionali che camminano verso di me. Portano strumenti musicali e sembrano pronti a esibirsi.

Frågor om förståelse

1. Vad heter slottet?

2. I vilket land ligger slottet?

3. Vad ligger palatset på?

4. När gavs ön till det svenska folket?

5. Vem använder slottet i dag?

6. Vad kan besökarna se när de går genom slottet?

7. Vilken känsla ger slottet författaren?

8. Vad ser författaren på deras sista dag på slottet?

9. Hur ser människorna i fjärran ut?

10. Vad tycker författaren om deras erfarenheter?

Domande di comprensione

1. Come si chiama il palazzo?

2. In quale Paese si trova il palazzo?

3. Su cosa si trova il palazzo?

4. Quando è stata consegnata l'isola al popolo svedese?

5. Chi usa il palazzo oggi?

6. Cosa possono vedere i visitatori quando attraversano il palazzo?

7. Che sensazione dà il palazzo all'autore?

8. Che cosa vede l'autore il loro ultimo giorno a palazzo?

9. Che aspetto hanno le persone in lontananza?

10. Cosa pensa l'autore della loro esperienza?

Fika

Det var en varm höstdag i Sverige och **löven hade** precis börjat vända. Luften var krispig och Fika älskade inget mer än att sitta ute med en kopp kaffe och ett bakverk. Hon hade sin favoritplats vid älven där hon kunde se ankorna simma förbi. Det var fridfullt och lugnande, precis vad hon behövde efter en lång vecka på jobbet. Hon satte sig vid sitt vanliga bord, beställde sitt kaffe och sitt **bakverk** och satte sig ner för en avkopplande morgon. Men idag var det något som var annorlunda. Det fanns en känsla i luften som fick Fika att känna sig **orolig**. Hon försökte skaka av sig den, men hon kunde inte fokusera på något annat än känslan av att något dåligt var på väg att hända. Plötsligt hörde hon rop från andra sidan floden. En grupp **män** bråkade med varandra och det såg ut som om de skulle slåss.

Fikas hjärta började rusa när hon såg hur de knuffade runt varandra tills en av dem till slut drog fram en **kniv**. Fika frystes av rädsla när hon såg hur mannen kastade sig över den andre med kniven. Hon såg hur han högg honom i **magen och** sedan hände allting så snabbt. Offret föll till marken och angriparen började springa iväg. Fika ryckte äntligen upp sig ur sin **trance** och sprang över för att hjälpa mannen som hade

Fika

Era una calda giornata autunnale in Svezia, e le **foglie stavano** appena iniziando a trasformarsi. L'aria era frizzante e Fika non amava altro che sedersi all'aperto con una tazza di caffè e un pasticcino. Aveva il suo posto preferito in riva al fiume, dove poteva osservare le anatre che nuotavano. Era tranquillo e rilassante, proprio quello di cui aveva bisogno dopo una lunga settimana di lavoro. Si sedette al suo solito tavolo, ordinò il suo caffè e il suo **pasticcino** e si sistemò per una mattinata rilassante. Ma oggi c'era qualcosa di diverso. C'era una sensazione nell'aria che metteva Fika a **disagio**. Cercò di scrollarsela di dosso, ma non riusciva a concentrarsi su nient'altro se non sulla sensazione che stesse per accadere qualcosa di brutto. All'improvviso sentì delle grida dall'altra parte del fiume. Un gruppo di **uomini** stava discutendo tra loro e sembrava che stessero per litigare.

Il cuore di Fika iniziò a battere forte mentre li guardava spingersi l'un l'altro, finché alla fine uno di loro tirò fuori un **coltello**. Fika rimase congelata dalla paura mentre guardava l'uomo che si avventava sull'altro con il coltello. Lo vide pugnalarlo allo **stomaco** e poi tutto accadde così in fretta. La vittima cadde a terra e l'aggressore iniziò a scappare. Fika è finalmente uscita

blivit knivhuggen. Hon ringde 112 och gjorde sedan allt hon kunde för att hålla honom vid medvetande tills hjälpen anlände. Han **blödde** kraftigt, men han lyckades berätta för henne att han hette Anders innan han förlorade medvetandet. Fika stannade hos honom tills **ambulansen** kom och bad att han skulle bli bra. Anders överlevde attacken, men det var nära ögat. Han tillbringade veckor på sjukhuset för att återhämta sig från sina skador, men tack vare Fikas snabba tänkande återhämtade han sig helt och hållet. **Polisen** lyckades aldrig hitta hans angripare, men de misstänkte att det var någon från Anders förflutna som hade kommit tillbaka för att **hämnas**.

Fika besökte Anders ofta under hans **tillfrisknande och** de två blev vänner. Hon var glad att hon kunde hjälpa honom genom en så svår tid, och hon visste att deras möte inte bara var en slump - det var meningen. Fika och Anders fortsatte att hålla kontakten även efter att han släppts ut från sjukhuset. De hade båda fått en ny **uppskattning** för livet och de njöt av att tillbringa tid tillsammans. Fika hade äntligen hittat någon som förstod henne, och hon visste att deras vänskap var **speciell**. En dag, helt plötsligt, frågade Anders Fika om hon ville gifta sig med honom. Hon blev förvånad, men tvekade inte att säga ja. Hon visste att de hörde ihop och det fanns inget mer perfekt än att börja sina liv som man och hustru.

dal suo **stato di trance** ed è corsa ad aiutare l'uomo che era stato accoltellato. Ha chiamato il 911 e ha fatto tutto il possibile per tenerlo cosciente fino all'arrivo dei soccorsi. L'uomo **perdeva** molto **sangue**, ma riuscì a dirle che si chiamava Anders prima di perdere conoscenza. Fika è rimasta con lui fino all'arrivo dell'**ambulanza**, pregando che si riprendesse. Anders è sopravvissuto all'attacco, ma per un pelo. Trascorse settimane in ospedale per riprendersi dalle ferite, ma grazie alla prontezza di riflessi di Fika si riprese completamente. La **polizia** non riuscì mai a trovare il suo aggressore, ma sospettò che si trattasse di qualcuno del passato di Anders, tornato per **vendicarsi**.

Fika andò a trovare spesso Anders durante la sua **convalescenza** e i due divennero amici. Era felice di poterlo aiutare in un momento così difficile e sapeva che il loro incontro non era casuale, ma era destino. Fika e Anders continuarono a rimanere in contatto anche dopo che lui fu dimesso dall'ospedale. Entrambi avevano un nuovo **apprezzamento** per la vita e si divertivano a passare del tempo insieme. Fika aveva finalmente trovato qualcuno che la capiva e sapeva che la loro amicizia era **speciale**. Un giorno, all'improvviso, Anders chiese a Fika di sposarlo. Lei rimase sorpresa, ma non esitò a dire di sì. Sapeva che erano fatti l'uno per l'altra e che non c'era niente di più perfetto che iniziare la loro vita come marito e moglie.

Frågor om förståelse

1. Vad fick Fika att känna sig orolig?

2. Vad såg hon på andra sidan floden?

3. Vem blev knivhuggen?

4. Vem sprang över för att hjälpa till?

5. Vad hette offret?

6. Hur överlevde offret?

7. Hur länge var offret på sjukhuset?

8. Vem misstänkte angriparen?

9. Vad frågade Anders Fika?

10. Vad var det för tillfälle som Fika och Anders gifte sig?

Domande di comprensione

1. Che cosa ha fatto sentire Fika a disagio?

2. Cosa vide dall'altra parte del fiume?

3. Chi è stato accoltellato?

4. Chi è corso ad aiutare?

5. Come si chiamava la vittima?

6. Come è sopravvissuta la vittima?

7. Quanto tempo ha trascorso la vittima in ospedale?

8. Chi ha sospettato l'aggressore?

9. Che cosa ha chiesto Anders alla Fika?

10. Qual è stata l'occasione del matrimonio di Fika e Anders?

På stranden

Efter soluppgången är vågorna högre och sanden ovanför tidvattnet är vit. Jag går ner till stranden och **beundrar** havet och solen. Mina tår känner skalens rännor. Sanden är kall på mina tår. Jag ler och fortsätter att gå. Tidvattnet är högt, så jag måste vara försiktig så att jag inte dras in. Jag går längs vattenkanten och beundrar havet. Soluppgången är **vacker och** vågorna slår mot varandra. Jag känner mig så fridfull. Jag kommer till en plats där det finns en klipphäll. Jag sätter mig ner och tittar på vågorna. Vattnet är så blått och himlen är så **orange**. Det känns som om jag befinner mig i en dröm. Jag blundar och lyssnar bara på vågorna. Jag satt där länge tills jag hörde någon ropa mitt namn.

Jag öppnar ögonen och ser min mamma gå mot mig. Hon har en orolig blick i ansiktet. Jag ler och vinkar och hon **slappnar av**. "Jag undrade vart du tog vägen", säger hon. "Jag är glad att du njuter av stranden." Jag svarar: "Det gör jag." "Det är så vackert här." "Jag vet", säger hon. "Jag brukade komma hit hela tiden när jag var i din ålder." "Verkligen?" Jag frågar. "Ja", svarar hon. "Det är ett speciellt ställe." "Träffade du någonsin någon speciell person här?" Jag frågar. "Det har jag gjort", svarar hon med ett leende. "Din far." "Verkligen?"

In spiaggia

Dopo l'alba, le onde sono più forti e la sabbia sopra la marea è bianca. Cammino verso la spiaggia, **ammirando** il mare e il sole. Le mie dita dei piedi sentono i solchi delle conchiglie. La sabbia è fredda sulle dita dei piedi. Sorrido e continuo a camminare. La marea è alta, quindi devo fare attenzione a non farmi trascinare. Cammino lungo la riva, ammirando il mare. L'alba è **bellissima** e le onde si infrangono. Mi sento così in pace. Arrivo a un punto in cui c'è una roccia affiorante. Mi siedo e guardo le onde. L'acqua è così blu e il cielo è così **arancione**. Mi sembra di essere in un sogno. Chiudo gli occhi e ascolto le onde. Rimasi seduto lì per molto tempo, finché non sentii qualcuno che chiamava il mio nome.

Apro gli occhi e vedo mia madre che viene verso di me. Ha un'espressione preoccupata. Le sorrido e la saluto, e lei **si rilassa**. "Mi chiedevo dove fossi andata", dice. "Sono contenta che ti stia godendo la spiaggia". Io rispondo: "Lo sto facendo". "È così bello qui". "Lo so", dice. "Venivo sempre qui quando avevo la tua età". "Davvero?" Chiedo. "Sì", risponde. "È un posto speciale". "Hai mai incontrato qualcuno di speciale qui?". Le chiedo. "Sì", risponde sorridendo. "Tuo padre". "Davvero?" Dico, **sorpreso**. "Sì", dice

Jag säger **förvånad**. "Ja", säger hon. "Vi brukade komma hit hela tiden tillsammans. Det var här vi blev förälskade. " Jag ler och **föreställer mig** mina föräldrar som förälskade sig på denna vackra strand. "Det är en speciell plats", upprepar hon. "Jag är glad att du kom hit i dag."

Vi sitter där ett tag till och **tittar på** vågorna och solnedgången. Sedan reser vi oss upp och går tillbaka till våra strandhanddukar. Jag lägger mig ner och tittar på stjärnorna. Jag känner mig så lycklig och nöjd. Vågorna är högre nu och sanden är kall. Solen håller på att gå ner och en sval bris blåser. Vågorna slår mot stranden och lukten av salt ligger i luften. Det är en perfekt kväll att vara på stranden. Jag går längs stranden, **lyssnar** på vågornas ljud och tittar på solnedgången. Jag ser en grupp människor som sitter i sanden och skrattar och skämtar. De ser ut att ha det jättebra. Jag går fram till dem och frågar om jag får göra dem sällskap. De säger ja och vi tillbringar resten av kvällen med att prata, skratta och titta på **solnedgången**. Det är en perfekt kväll. Gruppen och jag pratar tills solen går ner. Vi delar med oss av historier och skämt och vi har alla väldigt roligt. När kvällen börjar falla börjar vi alla känna oss trötta. Vi kysser varandra **adjö** och går skilda vägar. Jag går tillbaka till mitt hotell och känner mig lycklig och nöjd. Jag kan inte fatta hur härligt det är här. Jag är så lyckligt lottad som har fått **uppleva** det.

lei. “Venivamo sempre qui insieme. È qui che ci siamo innamorati. “Sorrido, **immaginando i** miei genitori che si innamorano su questa bellissima spiaggia. “È un posto speciale”, ripete. “Sono felice che siate venuti qui oggi”.

Rimaniamo seduti ancora per un po’ a **guardare** le onde e il tramonto. Poi ci alziamo e torniamo ai nostri teli da mare. Mi sdraio e guardo le stelle. Mi sento così felice e soddisfatta. Le onde ora sono più forti e la sabbia è fredda. Il sole sta tramontando e soffia una brezza fresca. Le onde si infrangono sulla riva e nell’aria si sente l’odore del sale. È una serata perfetta per stare in spiaggia. Cammino lungo la riva, **ascoltando** il suono delle onde e guardando il tramonto. Vedo un gruppo di persone sedute sulla sabbia che ridono e scherzano. Sembra che si stiano divertendo molto. Mi avvicino a loro e chiedo se posso unirmi a loro. Mi rispondono di sì e passiamo il resto della serata a parlare, ridere e guardare il **tramonto**. È una serata perfetta. Io e il gruppo parliamo fino al tramonto. Condividiamo storie e battute e ci divertiamo molto. Quando la notte inizia a calare, cominciamo tutti a sentirci stanchi. Ci **salutiamo** con un bacio e ci separiamo. Torno al mio hotel, felice e soddisfatta. Non riesco a credere a quanto sia bello qui. Sono così fortunata ad averlo **vissuto**.

Frågor om förståelse

1. Vart går berättaren efter att hon vaknat?

2. Vad beundrar berättaren när hon går längs stranden?

3. Vad måste berättaren se upp för när hon går längs stranden?

4. Var sätter sig berättaren för att njuta av utsikten?

5. Hur länge sitter berättaren där?

6. Vem ser berättaren när hon öppnar ögonen igen?

7. Vad säger berättarens mamma?

8. Vad pratar berättaren och de människor hon träffar om?

Domande di comprensione

1. Dove va la narratrice dopo essersi svegliata?

2. Che cosa ammira la narratrice mentre cammina lungo la spiaggia?

3. A che cosa deve fare attenzione la narratrice mentre cammina lungo la spiaggia?

4. Dove si siede il narratore per godersi il panorama?

5. Per quanto tempo il narratore rimane seduto lì?

6. Chi vede la narratrice quando riapre gli occhi?

7. Cosa dice la madre del narratore?

8. Di che cosa parlano il narratore e le persone che incontra?

Camping vid sjön

Jag går mot sjön och **beundrar den** fridfulla scenen. Solen slår ner på den lilla sjön och får vattnet att se ut som en glasskiva. Den enda rörelsen är enstaka krusningar från en fisk som **bryter** ytan. Till och med fåglarna verkar ta en paus från värmen, endast ljudet av cikador fyller luften. **Plötsligt** bryts lugnet av ett högt plask. En stor **fisk** har hoppat upp ur vattnet och försöker fånga en trollslända. Fisken missar sitt mål och faller tillbaka i vattnet med ett plask. “Wow”, tänker jag för mig själv, “det var en stor fisk!”. Jag tittade mig omkring för att se om någon annan hade sett den, men det fanns ingen i närheten. Jag antar att jag får berätta för dem när jag kommer tillbaka till lägret.

Värmen är **tryckande och det är** svårt att andas. Luften är tjock och tung, som en filt som sveps runt dig. Den enda lättnaden finns i vattnet. Det är svalt och uppfriskande, som en kall dryck en varm dag. Jag tar ett djupt andetag och dyker ner i vattnet. Lättnaden är omedelbar när det svala vattnet omger mig. Jag simmar ner till botten och sedan tillbaka upp till ytan och känner hur vattnet kyler min kropp. Jag fortsätter att **simma** varv, och njuter av andningen från värmen. Efter ett tag stiger jag upp ur vattnet och lägger mig på gräset för att låta solen torka min kropp. Jag sluter ögonen och

Campeggio al lago

Cammino verso il lago, **ammirando** la tranquillità della scena. Il sole batte sul piccolo lago, facendo sembrare l'acqua una lastra di vetro. L'unico movimento è l'increspatura occasionale di un pesce **che rompe** la superficie. Anche gli uccelli sembrano prendersi una pausa dal caldo, con il solo suono delle cicale che riempie l'aria. **All'improvviso**, la pace è rotta da un forte tonfo. Un grosso **pesce** è saltato fuori dall'acqua, cercando di catturare una libellula. Il pesce manca il bersaglio e ricade in acqua con un tonfo. "Wow", penso tra me e me, "quello era un pesce grosso!". Mi guardai intorno per vedere se qualcun altro l'avesse visto, ma non c'era nessuno. Immagino che dovrò raccontarlo quando tornerò al campo.

Il caldo è **opprimente** e rende difficile respirare. L'aria è densa e pesante, come una coperta che ti avvolge. L'unico sollievo è l'acqua. È fresca e rinfrescante, come una bibita fresca in una giornata calda. Faccio un respiro profondo e mi immergo nell'acqua. Il sollievo è immediato quando l'acqua fresca mi circonda. Nuoto fino al fondo e poi risalgo in superficie, sentendo l'acqua rinfrescare il mio corpo. Continuo a **nuotare** a vasche, godendomi la tregua dal caldo. Dopo un po' esco dall'acqua e mi sdraio sull'erba, lasciando

somnar, ljudet av **cikadorna** vaggar mig in i en djup sömn. Jag låter solen bränna vattnet ur min hud. Jag känner hur min hud blir röd, men jag bryr mig inte. Jag är för varm för att bry mig. nästa sak jag vet är att solen går ner. Himlen är vackert orange med strimmor av rosa och lila. Hettan är borta och ersätts av en sval **bris**.

Jag reser mig upp och tar på mig kläderna igen, känner mig fräsch och föryngrad. Jag tar ett djupt **andetag** av den svala luften och ler. Det känns bra att vara vid liv. Jag går tillbaka till lägerplatsen och beundrar hur färgerna dansar på himlen. Jag ser lägerelden brinna i fjärran och känner lukten av rök i luften. Jag ler och **ökar** tempot. Jag är redo att slappna av och njuta av resten av kvällen. Jag går in på lägerplatsen och ser att alla är samlade runt elden. De **skrattar** och skämtar, och jag kan se elden spegla sig i deras ögon. Jag ler och sätter mig bredvid mina vänner. Det är skönt att vara tillbaka. Nästa morgon vaknar jag tidigt och börjar packa mina saker. Jag är ivrig att komma tillbaka på leden och fortsätta min resa. Jag tar farväl av mina vänner och börjar gå iväg. Medan jag går tar jag en sista titt på **lägerplatsen**. Jag kan se att elden fortfarande brinner i fjärran och jag kan känna lukten av rök i luften. Jag ler och ökar tempot. Jag är redo att fortsätta min **resa**.

che il sole asciughi il mio corpo. Chiudo gli occhi e mi addormento, mentre il suono delle **cicale** mi culla in un sonno profondo. Lascio che il sole scrosti l'acqua dalla mia pelle. Sento la pelle arrossarsi, ma non mi importa. Sono troppo accaldato per preoccuparmene. Il cielo è di un bellissimo arancione, con striature di rosa e viola. Il caldo è scomparso, sostituito da una fresca **brezza**.

Mi alzo e mi rivesto, sentendomi rinfrescata e ringiovanita. **Respiro** profondamente l'aria fresca e sorrido. È bello essere vivi. Torno al campeggio, ammirando il modo in cui i colori danzano nel cielo. Vedo il fuoco che arde in lontananza e sento l'odore del fumo nell'aria. Sorrido e **accelero il** passo. Sono pronto a rilassarmi e a godermi il resto della serata. Entro nel campeggio e vedo che tutti sono riuniti intorno al fuoco. **Ridono** e scherzano e posso vedere il fuoco riflesso nei loro occhi. Sorrido e mi siedo accanto ai miei amici. È bello essere tornati. La mattina dopo mi sveglio presto e comincio a raccogliere le mie cose. Sono impaziente di riprendere il cammino e continuare il mio viaggio. Saluto i miei amici e mi incammino. Mentre cammino, do un'ultima occhiata al **campeggio**. Vedo il fuoco ancora acceso in lontananza e sento l'odore del fumo nell'aria. Sorrido e accelero il passo. Sono pronto a continuare il mio **viaggio**.

Frågor om förståelse

1. Vart är gående på väg?

2. Vilket väder är det?

3. Hur ser vattnet ut?

4. Hur reagerar gående på värmen?

5. Vad gör fisken?

6. Varför är vandraren ensam?

7. Hur känns vattnet?

8. Hur känner sig gångaren efter simningen?

9. Vilken tid på dygnet är det när den rullatorn vaknar?

10. Vart tar vandraren vägen när han lämnar lägret?

Domande di comprensione

1. Dove sta andando il camminatore?

2. Che tempo fa?

3. Che aspetto ha l'acqua?

4. Come reagisce il deambulatore al calore?

5. Cosa sta facendo il pesce?

6. Perché il camminatore è solo?

7. Come si sente l'acqua?

8. Come si sente il camminatore dopo il nuoto?

9. A che ora del giorno si sveglia il deambulatore?

10. Dove va l'ambulante quando lascia il campo?

Huset

Jag flyttade in i mitt nya hus förra veckan, och jag är så **glad**! Det är så mycket större än mitt gamla och har en stor bakgård. Jag kan inte vänta på att få bjuda in vänner till grillkvällar och fester. Min favoritdel är mitt nya sovrum. Det är så stort och ljust, och jag har massor av utrymme att ställa alla mina saker. Jag är verkligen nöjd med mitt nya hus och jag tror att jag kommer att bli väldigt lycklig här. Jag bestämde mig för att utforska huset lite mer. Jag gick upp till andra våningen och började ta mig till köket när jag såg en stor svart spindel på väggen! Jag skrek och sprang ner för trappan. Jag var så **rädd**! Men efter några minuter lugnade jag mig och bestämde mig för att gå upp igen. Jag tog mig sakta fram till köket och såg att spindeln var borta. Jag var så lättad! Jag gick ner igen och bestämde mig för att gå ut och utforska **bakgården**. Den var så stor! Jag kunde inte tro det. Jag såg en gungställning i hörnet och en rutschkana. Jag såg också ett basketnät och en **studsmatta**. Jag var så uppspelt!

Jag kan inte vänta på att få använda alla dessa nya saker. **Grannarna** kom över och presenterade sig. De verkade riktigt trevliga och vi pratade en stund. De bjöd in mig till deras grillfest nästa helg, och jag sa att jag gärna vill komma. Jag har haft en fantastisk första

La casa

La settimana scorsa mi sono trasferita nella mia nuova casa e sono così **entusiasta**! È molto più grande di quella vecchia e ha un grande cortile. Non vedo l'ora di invitare gli amici per grigliate e feste. La mia parte **preferita** è la mia nuova camera da letto. È così grande e luminosa e ho molto spazio per mettere tutte le mie cose. Sono molto contenta della mia nuova casa e penso che sarò molto felice qui. Ho deciso di esplorare ancora un po' la casa. Sono salita al secondo piano e ho iniziato a dirigermi verso la cucina quando ho visto un grosso ragno nero sul muro! Ho urlato e sono corsa di sotto. Ero così **spaventata**! Ma dopo qualche minuto mi sono calmata e ho deciso di tornare di sopra. Mi sono avvicinata lentamente alla cucina e ho visto che il ragno non c'era più. Ero così sollevata! Tornai al piano di sotto e decisi di uscire per esplorare il **giardino**. Era così grande! Non potevo crederci. Vidi un'altalena in un angolo e uno scivolo. Vidi anche una rete da basket e un **trampolino**. Ero così eccitato!

Non vedo l'ora di usare tutto questo nuovo materiale. I **vicini sono** venuti e si sono presentati. Sembravano molto gentili e abbiamo parlato per un po'. Mi hanno invitato al loro barbecue il prossimo fine settimana e ho detto che mi sarebbe piaciuto venire. La prima

vecka i mitt nya hus, och jag är förväntansfull inför alla nya äventyr som ligger framför mig. I dag ska jag gå på upptäcktsfärd på bakgården igen och se vad jag kan hitta mer. Vem vet, kanske hittar jag till och med en **skatt**. Jag kan inte vänta på att se vad nästa vecka kommer att föra med sig! Nästa vecka gick jag på upptäcktsfärd i trädgården igen och hittade en **hemlig** trädgård. Den var så vacker! Det fanns blommor överallt och en liten damm med fiskar i. Jag såg också en gungställning som jag inte hade sett förut. Jag blev så glad över att hitta den här hemliga trädgården och jag kan inte vänta på att utforska den mer. Den var så **vacker**!

Det fanns blommor överallt och en liten damm med fiskar i. Jag såg också en gungställning som jag inte hade sett förut. Jag var så glad över att hitta den här hemliga trädgården och jag kan inte vänta på att utforska den mer. Jag älskade också mitt nya rum. Det var så stort och ljust, och det fanns redan affischer med mina favoritband på väggarna. Jag behövde inte ens ta med mig några egna **möbler** eftersom det redan fanns en säng, en byrå och ett skrivbord här. Det här kommer att bli det bästa året någonsin! Jag var lite nervös över att börja på en ny **skola,** men alla mina nya grannar har varit så vänliga. Jag har till och med träffat en tjej som bor bredvid och hon säger att hon ska gå till skolan med mig på min första dag. Jag älskar mitt nya hus, och jag är så glad över att börja detta nya kapitel i mitt liv!

settimana nella mia nuova casa è stata fantastica e sono entusiasta di tutte le nuove avventure che mi aspettano. Oggi andrò di nuovo a esplorare il cortile per vedere cos'altro riesco a trovare. Chissà, forse troverò anche un **tesoro**. Non vedo l'ora di vedere cosa mi porterà la prossima settimana! La settimana successiva sono andata di nuovo in esplorazione nel cortile e ho trovato un giardino **segreto**. Era così bello! C'erano fiori dappertutto e un laghetto con i pesci. Ho visto anche un'altalena che non avevo mai visto prima. Ero così entusiasta di aver trovato questo giardino segreto e non vedo l'ora di esplorarlo ancora. Era così **bello**!

C'erano fiori dappertutto e un laghetto con dei pesci. Ho anche visto un'**altalena** che non avevo mai visto prima. Ero così entusiasta di aver trovato questo giardino segreto e non vedo l'ora di esplorarlo meglio. Mi è piaciuta molto anche la mia nuova stanza. Era così grande e luminosa e sulle pareti c'erano già i poster delle mie band preferite. Non ho nemmeno dovuto portare i miei **mobili**, perché c'erano già un letto, una cassettiera e una scrivania. Questo sarà l'anno migliore di sempre! Ero un po' nervosa all'idea di iniziare una nuova **scuola**, ma tutti i miei nuovi vicini sono stati così amichevoli. Ho persino conosciuto una ragazza che abita nella casa accanto e ha detto che verrà a scuola con me il primo giorno. Adoro la mia nuova casa e sono così entusiasta di iniziare questo nuovo capitolo della mia vita!

Frågor om förståelse

1. Var bor personen?

2. Hur trivs personen i det nya huset?

3. Vad är personens favoritdel i det nya huset?

4. Vad hittade personen i trädgården?

5. Vilka är grannarna?

6. Hur kändes de första dagarna i det nya huset?

7. Vad är personens favoritdel i det nya rummet?

8. Vad planerar personen att göra i morgon?

9. Vad var det bästa med personens första vecka i det nya huset?

10. Vad finns i personens nya rum?

Domande di comprensione

1. Dove vive la persona?

2. Come si trova la persona nella nuova casa?

3. Qual è la parte preferita della nuova casa?

4. Che cosa ha trovato la persona nel giardino?

5. Chi sono i vicini?

6. Come sono stati i primi giorni nella nuova casa?

7. Qual è la parte preferita della nuova stanza?

8. Che cosa ha intenzione di fare domani?

9. Qual è stata la parte migliore della prima settimana nella nuova casa?

10. Che cosa c'è nella nuova stanza della persona?

På tåget

Jag sprang till tågstationen, men det var för sent. Tåget hade redan gått utan mig. Jag kände mig så **arg** och **besviken** på mig själv. Jag hade planerat att ta tåget för att besöka mina morföräldrar som bor på landet, men nu skulle jag behöva vänta en hel timme på nästa tåg. Jag bestämde mig för att gå runt i staden en stund i stället och försökte glömma min missade möjlighet. Medan jag gick började jag **dagdrömma** om alla de platser som **tågen** kan ta en till. Plötsligt var jag inte längre så upprörd. Jag går tillbaka in på stationen och kan inte låta bli att lägga märke till det stora röda, vita och blå lokomotivet som tuffar fram mot mig. Det är inte förrän jag ser **konduktören** vinka till mig från fönstret som jag förstår att det här tåget är till mig. Jag går ombord på tåget och hittar min plats och sätter mig ner för vad som lovar att bli en lång resa.

När vi lämnar stationen kan jag inte låta bli att undra vart tåget kommer att ta mig. Genom gröna **fält** och över blå floder, förbi berg och dalar, det går inte att säga vart det här gamla tåget kommer att ta vägen. När mörkret börjar falla glider jag in i en **fridfull** sömn, vaggad av den **rytmiska** rörelsen av vagnarna på spåren nedanför. När morgonen kommer igen öppnar jag ögonen och upptäcker att vi har anlänt till en liten

Sul treno

Corsi alla stazione ferroviaria, ma ero troppo in ritardo. Il treno era già partito senza di me. Mi sentivo così **arrabbiata** e **delusa** con me stessa. Avevo intenzione di prendere il treno per andare a trovare i miei nonni che vivono in campagna, ma ora avrei dovuto aspettare un'ora intera per il treno successivo. Decisi invece di passeggiare un po' per la città, cercando di dimenticare l'occasione persa. Mentre camminavo, ho iniziato a **sognare a occhi aperti** tutti i luoghi in cui il **treno** può portarti. Improvvisamente, non ero più così arrabbiata. Rientro in stazione e non posso fare a meno di notare la grande locomotiva rossa, bianca e blu che si dirige verso di me. Solo quando vedo il **capotreno che** mi saluta dal finestrino capisco che quel treno è per me. Salgo sul treno e trovo il mio posto, sistemandomi per quello che si preannuncia un lungo viaggio.

Mentre usciamo dalla stazione, non posso fare a meno di chiedermi dove mi porterà questo treno. Attraverso **campi** verdi e fiumi blu, passando per montagne e valli, non si sa dove andrà questo vecchio treno. Quando inizia a calare la notte, mi addormento in un sonno **tranquillo**, cullato dal movimento **ritmico** dei vagoni sui binari sottostanti. Quando arriva il mattino, apro gli occhi e scopro che siamo arrivati in una piccola città

stad någonstans mitt ute i ingenstans. Solen tittar precis över horisonten när lokalbefolkningen börjar mingla runt på Main Street; det ser ut som vilken dag som helst här förutom en sak - det finns en stor skylt uppsatt nära stadshuset där det står “Välkommen ombord!”. Det verkar som om den här lilla staden har väntat på oss, trots att vi bara är ett vanligt passagerartåg som passerar på väg någon annanstans. När vi återigen lämnar staden bakom oss och tuffar vidare mot vem vet vart vi ska, ler jag åt alla vänliga ansikten som vinkar adjö från de små husen som ligger inbäddade bland **jordbruksmarken - det** är verkligen fantastiskt hur något så till synes ordinärt kan ge så mycket glädje bara genom att passera. Och sedan finns det naturligtvis **barnen**.

Jag lutar mig ut genom fönstret på mitt lokomotiv. De får mig alltid att känna mig så lycklig med sina lysande ögon och stora leenden. Jag vinkade energiskt tillbaka till dem innan jag återvände till min **hytt** och satte mig ner. Det har redan varit en lång dag, men den är inte över än; det är fortfarande några timmar kvar tills vi når vår **slutdestination**. Jag tar fram min bok och börjar läsa och låter tågets rytmiska gungning vagga mig in i ett lugnt tillstånd. Då och då tittar jag upp på landskapet som passerar förbi utanför - det blir aldrig gammalt hur många gånger jag än ser det. Så småningom börjar det bli mörkt och **blinkande** ljus börjar synas i fjärran; vi börjar närma oss nu.

nel bel mezzo del nulla. Il sole fa appena capolino all'orizzonte, mentre la gente del posto inizia a girare per la Main Street; sembra un giorno come un altro, tranne che per una cosa: c'è un grande cartello affisso vicino al municipio che recita "Benvenuti a bordo!". Sembra che questa piccola città ci stesse aspettando, anche se siamo solo un normale treno **passeggeri** di passaggio sulla nostra strada. Mentre ci lasciamo ancora una volta la città alle spalle, andando verso chissà dove, sorrido a tutte le facce amichevoli che ci salutano da quelle casette incastonate tra i **campi coltivati:** è davvero incredibile come qualcosa di così apparentemente ordinario possa portare tanta gioia semplicemente passando di lì. E poi, naturalmente, ci sono i **bambini**.

Mi affaccio al finestrino della mia locomotiva. Mi fanno sempre sentire così felice con i loro occhi lucidi e i loro grandi sorrisi. Li saluto energicamente prima di tornare nella mia **cabina** e sedermi. È stata già una lunga giornata, ma non è ancora finita; mancano ancora alcune ore per raggiungere la nostra **destinazione** finale. Tiro fuori il mio libro e inizio a leggere, lasciando che il dondolio ritmico del treno mi culli in uno stato di pace. Di tanto in tanto alzo lo sguardo verso il paesaggio che passa fuori: non diventa mai vecchio, anche se lo vedo tante volte. Alla fine inizia a calare la notte e le luci **scintillanti** cominciano ad apparire in lontananza; ci stiamo avvicinando.

Frågor om förståelse

1. Vart är tåget på väg?

2. Vem reser med tåget?

3. När avgår tåget?

4. Hur kommer huvudpersonen ombord på tåget?

5. Varifrån kommer tåget?

6. Vart ska tåget åka nästa gång?

7. När anlände passagerarna?

8. Hur känner sig huvudpersonen när han missar tåget?

9. Hur reagerar lokföraren när han ser huvudpersonen?

10. Varför gillar huvudpersonen tåg?

Domande di comprensione

1. Dove va il treno?

2. Chi viaggia sul treno?

3. Quando parte il treno?

4. Come fa il protagonista a salire sul treno?

5. Da dove viene il treno?

6. Dove è diretto il treno?

7. Quando sono arrivati i passeggeri?

8. Come si sente il protagonista quando perde il treno?

9. Come reagisce il macchinista quando vede il protagonista?

10. Perché al protagonista piacciono i treni?

Matlagning av middag

Klockan är 17.00 och jag går hem från jobbet. Jag ser **fram emot en** lugn kväll hemma med min partner. Vi ska laga middag tillsammans och sedan bara slappna av resten av kvällen. Det känns skönt att veta att jag inte har några planer eller skyldigheter den här **kvällen**. Jag kommer hem och min partner står redan i köket och börjar förbereda vår middag. Det luktar **fantastiskt** här inne! Vi pratar medan vi lagar mat, tar del av varandras dagar och delar med oss av små historier från våra arbetsliv. Köket är mitt favoritrum i vår lägenhet. Jag älskar att laga mat, och jag älskar särskilt att laga mat tillsammans med min partner. Vi har alltid så roligt här inne, skrattar och skämtar medan vi lagar en storm. Dessutom blir maten alltid **otrolig** när vi arbetar **tillsammans**.

Ikväll ska vi laga ett av mina absoluta favoritrecept: **kyckling** parmesan. Min partner börjar med att panera kycklingen medan jag får såsen att sjuda på **spisen**. Vi arbetar tillsammans som en väloljad maskin och snart är middagen klar att serveras. Vi sätter oss vid vårt lilla köksbord med **tallrikar** fulla med kyckling parmesan, pasta och sallad. Vi klinkar i glasen och tar

Cucinare la cena

Sono le 17.00 e sto tornando a casa dal lavoro. Non vedo l'**ora** di passare una serata tranquilla a casa con il mio compagno. Cucineremo insieme la cena e poi ci rilasseremo per il resto della serata. È bello sapere che questa **sera non ho** programmi o obblighi. Arrivo a casa e il mio partner è già in cucina a preparare la cena. C'è un profumo **fantastico** qui dentro! Chiacchieriamo mentre cuciniamo, raccontandoci le nostre giornate e condividendo piccole storie della nostra vita lavorativa. La cucina è la mia stanza preferita del nostro appartamento. Adoro cucinare e soprattutto adoro farlo con il mio compagno. Ci divertiamo sempre molto qui dentro, ridendo e scherzando mentre cuciniamo. Inoltre, il cibo è sempre **incredibile** quando lavoriamo **insieme**.

Stasera prepariamo una delle mie ricette preferite di sempre: il **pollo** alla parmigiana. Il mio collega inizia a impanare il pollo, mentre io faccio cuocere la salsa sul **fuoco**. Lavoriamo insieme come una macchina ben oliata e in poco tempo la cena è pronta da servire. Ci sediamo al tavolo della nostra cucina con i **piatti** colmi di pollo alla parmigiana, pasta e insalata. Facciamo tintinnare i bicchieri e assaggiamo il primo

vår första tugga - och den är **himmelsk**! Kycklingen är krispig på utsidan men saftig på insidan, såsen är smakrik och perfekt, pastan är kokt al dente... allt smakar helt perfekt ikväll. Vi vet båda att det här var en av de kvällar där allting bara kom samman perfekt när vi **njuter av** varenda tugga av vår utsökta måltid. Den smakade ännu bättre än den luktade - vilket var jäkligt bra! Vi avslutar vår måltid relativt snabbt eftersom ingen av oss är särskilt hungrig idag, men vi tar oss tid att njuta av ytterligare några **glas** vin medan vi pratar lätt om det ena och det andra ämnet. Efter middagen städar vi snabbt tillsammans och flyttar sedan in i vardagsrummet där vi tillbringar lite tid med att **mysa** i soffan medan vi tittar på TV.

Det känns så skönt att bara vara nära varandra efter en lång **arbetsdag**. Jag känner mig nöjd. Även om vi inte hade någon händelserik kväll var det trevligt att bara tillbringa lite tid tillsammans utan att behöva lämna huset. Vi tittade på en film och gick tidigt till sängs och kände oss **nöjda** med vår enkla kväll. Detta har blivit en av våra favoritsaker att göra på kvällar när vi inte vill gå ut - bara koppla av hemma och njuta av varandras sällskap över en hemlagad måltid. Det är alltid trevligt att veta att vi kan komma tillbaka hit efter en lång dag och bara vara oss själva.

boccone... ed è **paradisiaco**! Il pollo è croccante all'esterno ma succoso all'interno; il sugo è saporito e perfetto; la pasta è cotta al dente... tutto ha un sapore assolutamente perfetto stasera. Sappiamo entrambi che questa è stata una di quelle sere in cui tutto si è unito alla perfezione, mentre **assaporiamo** fino all'ultimo boccone il nostro delizioso pasto. Il sapore era persino migliore del profumo, che era dannatamente buono! Finiamo il pasto relativamente in fretta, visto che oggi nessuno dei due ha particolarmente fame, ma ci prendiamo tutto il tempo necessario per goderci qualche altro **bicchiere di** vino chiacchierando con leggerezza di questo e quell'argomento. Dopo cena, puliamo velocemente insieme e poi ci spostiamo in salotto, dove passiamo un po' di tempo **a coccolarci** sul divano guardando la TV.

È così bello stare vicini dopo una lunga giornata di **lavoro**. Mi sento soddisfatta. Anche se non abbiamo avuto una serata movimentata, è stato bello passare un po' di tempo insieme senza dover uscire di casa. Abbiamo guardato un film e siamo andati a letto presto, sentendoci **soddisfatti** della nostra semplice serata. Questa è diventata una delle cose che **preferiamo** fare nelle sere in cui non vogliamo uscire: rilassarci a casa e goderci la reciproca compagnia con un pasto fatto in casa. È sempre bello sapere che possiamo tornare qui dopo una lunga giornata ed essere semplicemente noi stessi.

Frågor om förståelse

1. Varifrån kommer berättaren?

2. Vad gör berättaren efter jobbet?

3. Vad äter berättaren till middag?

4. Varför gillar berättaren köket?

5. Vilken typ av maträtt lagar paret?

6. Hur känner sig berättaren i slutet av kvällen?

7. Vad är parets favoritsak att göra?

8. Vad gör paret när de blir trötta?

9. Var sover de?

10. Varför vill berättaren stanna hemma?

Domande di comprensione

1. Da dove viene il narratore?

2. Cosa fa il narratore dopo il lavoro?

3. Cosa mangia il narratore per cena?

4. Perché al narratore piace la cucina?

5. Che tipo di piatto cucina la coppia?

6. Come si sente il narratore alla fine della serata?

7. Qual è la cosa che la coppia preferisce fare?

8. Cosa fa la coppia quando è stanca?

9. Dove dormono?

10. Perché al narratore piace stare a casa?

Att gå hem

Det var en **lugn** natt när jag gick hem från jobbet. När jag gick kunde jag inte låta bli att le åt minnena. Det kändes bra att vara tillbaka i mitt gamla kvarter. Jag vinkade till några personer som jag kände och de vinkade tillbaka. Det var skönt att vara hemma. Jag gick förbi min gamla skola och **mindes** alla goda stunder som jag hade haft med mina vänner. Vi brukade alltid gå hem tillsammans och prata om vår dag. **Ibland** stannade vi och köpte glass eller gick till parken. Det var de bästa tiderna. Jag saknar den tiden. Men nu har jag min egen familj och är nöjd med mitt liv. Jag är glad att jag kan se tillbaka på dessa minnen och le. De är en del av mitt liv som jag alltid kommer att uppskatta. Det var den bästa tiden. Jag saknar den tiden. Men nu har jag min egen familj och är lycklig med mitt liv. Jag är glad att jag kan se tillbaka på dessa **minnen** och le. De är en del av mitt liv som jag alltid kommer att uppskatta.

Jag fortsätter att gå och tänker på de fina stunderna med mina vänner. Jag vet att jag snart kommer att träffa dem igen. Jag går mot mitt hem och bestämmer mig för att gå genom en park i närheten. Solen håller på att gå ner och himlen får en **vacker** orange färg. Parken är tom, förutom några fåglar som kvittrar i träden. Jag tar

Camminare verso casa

Era una notte **tranquilla** mentre tornavo a casa dal lavoro. Mentre camminavo, non potevo fare a meno di sorridere ai ricordi. Era bello tornare nel mio vecchio quartiere. Salutai alcune persone che conoscevo e loro ricambiarono il saluto. Era bello essere a casa. Passai davanti alla mia vecchia scuola e **ricordai** tutti i bei momenti passati con i miei amici. Tornavamo sempre a casa insieme e parlavamo della nostra giornata. **A volte ci** fermavamo a prendere un gelato o andavamo al parco. Erano i momenti migliori. Mi mancano quei momenti. Ma ora ho la mia famiglia e sono felice della mia vita. Sono felice di poter guardare indietro a quei ricordi e sorridere. Sono una parte della mia vita che conserverò per sempre. Erano i tempi migliori. Mi mancano quei tempi. Ma ora ho la mia famiglia e sono felice della mia vita. Sono felice di poter guardare indietro a quei **ricordi** e sorridere. Sono una parte della mia vita che conserverò per sempre.

Continuo a camminare, pensando ai bei momenti passati con i miei amici. So che li rivedrò presto. Mi dirigo verso casa e decido di passeggiare in un parco lì vicino. Il sole sta tramontando e il cielo sta diventando di un **bel** colore arancione. Il parco è vuoto, a parte

ett djupt **andetag och** ler. När jag går genom parken ser jag ett stjärnskott röra sig över himlen. Jag önskar mig något på den stjärnan och fortsätter att gå. Jag tänker på min dag på jobbet och hur **fridfull** den var. Jag ler för mig själv och tänker på hur lycklig jag är som har ett så bra jobb. Jag går hem och **känner den** svala nattluften på min hud. Jag känner mig så levande och lycklig, när jag bara njuter av den enkla handlingen att gå hem en lugn natt. Jag kände mig så bra att jag började **vissla**. Jag gick förbi några människor på gatan, men alla skötte sig själva.

Jag svängde runt hörnet på min gata och såg grannens katt, Mr Whiskers, sitta på min veranda. Jag sa hej till honom och han mejade tillbaka. Jag **låste upp** min dörr och gick in. Jag var så glad över att vara hemma. Jag tog av mig skorna och gjorde mig redo för sängen. Jag gick till sängs den kvällen och kände mig lycklig och tacksam, mitt hjärta fullt av kärlek. Jag sov gott hela natten och oroade mig inte för någonting. Jag vaknade upp från en vilsam sömn och **möttes** av solen som sken in genom mitt fönster. Jag gick upp ur sängen och sträckte mig, tog ett djupt andetag och kände hur den svala luften fyllde mina lungor. Jag gick till mitt fönster och tittade ut, hörde fåglarna kvittra och **ekorrarna** leka. Jag log och gick och klädde på mig och kände mig glad och nöjd.

qualche uccello che cinguetta tra gli alberi. Faccio un **respiro** profondo e sorrido. Mentre cammino nel parco, vedo una stella cadente che attraversa il cielo. Esprimo un desiderio su quella stella e continuo a camminare. Penso alla mia giornata di lavoro e a quanto sia stata **tranquilla**. Sorrido tra me e me, pensando a quanto sono fortunata ad avere un lavoro così bello. Cammino verso casa, **sentendo** l'aria fresca della notte sulla mia pelle. Mi sento così viva e felice, godendomi il semplice atto di tornare a casa in una notte tranquilla. Mi sentivo così bene che iniziai a **fischiettare**. Passai accanto ad alcune persone per strada, ma tutte si facevano gli affari loro.

Svoltato l'angolo della mia strada, vidi il gatto del mio vicino, Mr. Whiskers, seduto sul mio portico. Lo salutai e lui ricambiò il miagolio. **Aprii la** porta ed entrai. Ero così felice di essere a casa. Mi tolsi le scarpe e mi preparai per andare a letto. Quella sera andai a letto felice e grata, con il cuore pieno d'amore. Dormii profondamente per tutta la notte, senza preoccuparmi di nulla. Mi svegliai da un sonno ristoratore e fui **accolta** dal sole che entrava dalla finestra. Mi alzai dal letto e mi stiracchiai, facendo un respiro profondo e sentendo l'aria fresca riempirmi i polmoni. Mi avvicinai alla finestra e guardai fuori, sentendo gli uccelli cinguettare e gli **scoiattoli** giocare. Sorrisi e andai a vestirmi, sentendomi felice e soddisfatta.

Frågor om förståelse

1. Vad gjorde huvudpersonen när berättelsen började?

2. Vad tänkte huvudpersonen på när han gick hem?

3. Vad brukade huvudpersonen göra med sina vänner efter skolan?

4. Vad saknar huvudpersonen från den tiden?

5. Vad tycker huvudpersonen om sitt nuvarande liv?

6. Vad gör huvudpersonen när de ser ett stjärnfall?

7. Hur känner sig huvudpersonen när de går hem?

8. Vad gör huvudpersonen när de kommer hem?

9. Hur känner sig huvudpersonen när han vaknar nästa morgon?

10. Vad gör huvudpersonen nästa dag?

Domande di comprensione

1. Cosa stava facendo il protagonista quando è iniziata la storia?

2. A cosa pensava il protagonista mentre tornava a casa?

3. Cosa faceva il protagonista con gli amici dopo la scuola?

4. Cosa manca al protagonista di quei tempi?

5. Cosa pensa il protagonista della sua vita attuale?

6. Cosa fa il protagonista quando vede una stella cadente?

7. Come si sente il protagonista quando torna a casa?

8. Cosa fa il protagonista quando torna a casa?

9. Come si sente il protagonista quando si sveglia la mattina dopo?

10. Cosa fa il protagonista il giorno dopo?

Slottet

Familjen hade alltid velat besöka ett gammalt slott i **Tyskland,** och till slut gjorde de resan. De blev inte **besvikna**. Slottet var vackert och de njöt av att utforska dess många rum och korridorer. Det första som slog dem var lukten. De hittade **mögel**, fukt och något annat som de inte riktigt kunde sätta fingret på. Det andra var ljudet. Stenväggar är tjocka, men de dämpar inte ljudet helt och hållet. De hörde varje fotsteg, varje ord som sades med normal röst och ibland droppade vatten **någonstans** i fjärran. När deras ögon anpassade sig till det svaga ljuset såg de massiva stenväggar som tornade upp sig runt omkring dem och från dem hängde gobelänger i **trasiga** fragment. De stod i en enorm hall med högt tak som stöddes av snidade pelare. De älskade också utsikten från tornen, och barnen hade en fantastisk tid att springa runt på området. **Solen** hade börjat gå ner när de var klara med att utforska slottet, och de ångrade att de inte hade tagit med sig en **ficklampa**. De bestämde sig för att ta sig tillbaka till ingången, men fann sig snart vilse. De vandrade runt i vad som kändes som timmar, tills de till slut kom till en dörr som ledde ut. De fortsatte tills de **nådde** slutet av hallen och kom till en imponerande uppsättning dubbeldörrar. De försökte hur mycket som helst, men dörrarna rörde sig inte. De skramlade **betänkligt** men

Il castello

La famiglia aveva sempre desiderato visitare un antico castello in **Germania** e finalmente ha intrapreso il viaggio. Non sono rimasti **delusi**. Il castello era bellissimo e si sono divertiti a esplorare le sue stanze e i suoi corridoi. La prima cosa che li colpì fu l'odore. Trovarono **muffa**, umidità e qualcos'altro che non riuscirono a definire con precisione. La seconda cosa è stata il suono. I muri di pietra sono spessi, ma non attutiscono completamente il suono. Sentirono ogni passo, ogni parola pronunciata con voce normale e l'occasionale gocciolio dell'acqua **da qualche parte** in lontananza. Quando i loro occhi si adattarono alla luce fioca, videro le massicce mura di pietra che incombevano intorno a loro, con gli arazzi appesi a **brandelli**. Si trovavano in un'enorme sala con un alto soffitto sostenuto da pilastri scolpiti. Anche a loro piaceva molto la vista che si godeva dalle torrette e i bambini si divertivano un mondo a correre per il parco. Quando finirono di esplorare il castello, il **sole** era già tramontato e si pentirono di non aver portato una **torcia**. Decisero di tornare all'ingresso, ma si persero subito. Vagarono per ore e ore, finché alla fine trovarono una porta che conduceva all'esterno. Proseguirono fino **alla** fine del corridoio e si trovarono davanti a un'imponente serie di doppie porte. Per

rörde sig inte en tum. Det såg ut som om den som varit här tidigare måste ha gått igenom här och låst dem inifrån. Så småningom hittar de en väg ut. Lättnad sköljde över dem när de klev ut i den svala nattluften.

Solen hade börjat gå ner och de **ångrade** att de inte hade tagit med sig en ficklampa. De bestämde sig för att ta sig tillbaka till ingången, men fann sig snart vilse. De vandrade runt i vad som kändes som timmar, tills de till slut kom till en dörr som ledde **ut**. Lättnad sköljde över dem när de klev ut i den svala nattluften. Nästa kväll såg de till att ta med sig en ficklampa när de utforskade resten av slottet. De gick genom **gården** och ner till floden som rann bakom **slottets** murar. Medan de gick runt började de höra konstiga ljud. Det lät som om någon följde efter dem. De ökade tempot, men ljuden blev högre och närmare. Familjen sprang tillbaka till slottet så fort de kunde, och de var lättade över att se att figuren i den **mörka** kappan inte hade följt efter dem.

quanto potessero, le porte non si muovevano. Scricchiolano **minacciosamente**, ma non si muovono di un millimetro. Sembrava che chiunque fosse stato qui prima dovesse essere passato di qui e averle chiuse dall'interno. Alla fine trovano una via d'uscita. Il sollievo li invade mentre escono nell'aria fresca della notte.

Il sole aveva iniziato a tramontare e si **pentirono di non aver** portato una torcia elettrica. Decisero di tornare all'ingresso, ma presto si persero. Vagarono per ore e ore, finché alla fine trovarono una porta che conduceva all'**esterno**. Il sollievo li colse quando uscirono nell'aria fresca della notte. La sera successiva si assicurarono di portare con sé una torcia per esplorare il resto del castello. Attraversarono il **cortile** e scesero fino al fiume che scorreva dietro le mura del **castello**. Mentre camminavano, cominciarono a sentire strani rumori. Sembrava che qualcuno li stesse seguendo. Accelerarono il passo, ma i rumori diventavano sempre più forti e vicini. La famiglia tornò al castello il più velocemente possibile e si accorse con sollievo che la figura con il mantello **scuro** non li aveva seguiti.

Frågor om förståelse

1. Vad gjorde familjen när de gick vilse i slottet?

2. Hur kände sig familjen när de fick reda på att det bara var en lokal man?

3. Vad gjorde mannen som gjorde att han blev arresterad?

4. Vilken var domen för mannen?

5. Vilket ljud hörde familjen när de gick?

6. Var befann sig figuren i den mörka kappan när familjen såg honom?

7. Vad gjorde familjen när de kom tillbaka till sitt rum?

8. När gick familjen på upptäcktsfärd i slottet igen?

9. Vad var det som familjen inte kunde sätta fingret på?

10. Vad gjorde familjen innan de gick på upptäcktsfärd i slottet igen?

Domande di comprensione

1. Cosa fece la famiglia quando si perse nel castello?

2. Come si è sentita la famiglia quando ha scoperto che si trattava solo di un uomo del posto?

3. Che cosa ha fatto l'uomo che lo ha fatto arrestare?

4. Qual è stata la sentenza per l'uomo?

5. Quale rumore ha sentito la famiglia mentre camminava?

6. Dov'era la figura con il mantello scuro quando la famiglia lo vide?

7. Che cosa ha fatto la famiglia quando è tornata nella sua stanza?

8. Quando la famiglia è tornata a esplorare il castello?

9. Qual era la cosa che la famiglia non riusciva a capire?

10. Cosa fece la famiglia prima di tornare a esplorare il castello?

Min trädgård

Min trädgård är min lyckliga plats. Jag går ut dit varje dag, regn eller solsken, och ägnar tid åt att sköta mina växter. Jag har lite av **allt - grönsaker**, frukt, blommor och örter. Jag har till och med några höns som hjälper till att hålla skadedjuren borta. Jag börjar mina dagar i trädgården med att hämta ägg från hönorna. Sedan kollar jag mina grönsaker och ser till att de får tillräckligt med vatten och sol. Jag ogräsrensar rabatterna och plockar bort eventuella insekter som **angriper** växterna. När **allt är klart** sitter jag tillbaka och njuter av naturens lugn och ro.

Jag har alltid älskat att tillbringa tid i min trädgård. Det är något med att vara omgiven av naturen och all den **skönhet som** den har att erbjuda. Jag tycker att det är en mycket fridfull och lugnande plats. Jag tillbringar ofta tid i min trädgård med att bara koppla av och njuta av landskapet. Jag tycker också om att arbeta i min trädgård och odla saker. Jag har en ganska stor trädgård och jag tycker om att odla en mängd **olika** saker i den. Jag odlar blommor, **grönsaker** och örter. Jag har också några fruktträd som producerar läckra äpplen, päron och plommon. Förutom att odla saker tycker jag också om att bara gå runt i min trädgård och **beundra** alla olika växter och djur som bor där. Jag har

Il mio giardino

Il mio giardino è il mio luogo felice. Esco ogni giorno, con la pioggia o con il sole, e passo il tempo a curare le mie piante. Ho un po' di **tutto: verdure**, frutta, fiori, erbe aromatiche. Ho anche alcune galline che mi aiutano a tenere lontani i parassiti. Inizio le mie giornate in giardino raccogliendo le uova dalle galline. Poi controllo le verdure, assicurandomi che ricevano acqua e sole a sufficienza. Diserbo le aiuole e rimuovo gli insetti che potrebbero **attaccare** le piante. Una volta sistemato **tutto**, mi siedo e mi godo la pace e la tranquillità della natura.

Ho sempre amato trascorrere del tempo nel mio giardino. C'è qualcosa nell'essere circondati dalla natura e da tutta la **bellezza che** ha da offrire. Trovo che sia un luogo molto tranquillo e rilassante. Spesso trascorro il tempo nel mio giardino rilassandomi e godendomi il paesaggio. Mi piace anche lavorare nel mio giardino e coltivare. Ho un giardino di buone dimensioni e mi piace coltivare **diverse** cose. Coltivo fiori, **verdure** ed erbe aromatiche. Ho anche alcuni alberi da frutto che producono mele, pere e prugne deliziose. Oltre a coltivare, mi piace anche passare il tempo passeggiando nel mio giardino, **ammirando** tutte le piante e gli animali che lo abitano. Negli anni

tillbringat många timmar under årens lopp med att göra min **trädgård** till en plats som inte bara är vacker utan också funktionell. Jag älskar att titta på fåglarna som fladdrar runt och lyssna på deras sång. Ibland tar jag till och med fram en bok och läser i trädgården medan jag är omgiven av all den skönhet som jag har skapat. **Trädgårdsarbete** är min passion och det ger mig så mycket glädje. Varje dag i min trädgård är en bra dag.

Jag älskar att laga mat och därför är det **viktigt** för mig att ha en välfylld örtträdgård. Timjan, basilika, oregano, rosmarin, salvia och lavendel är bara några av de örter som jag gillar att odla i min trädgård så att jag kan använda dem när jag lagar mat till mig själv eller till **gäster**. En annan sak som är viktig för mig när det gäller min trädgård är att se till att det finns gott om färg i hela trädgården. För att uppnå detta mål odlar jag en mängd olika blommor, bland annat **rosor**, liljor, prästkragar, tulpaner, impatiens, ringblommor osv. Förutom att ge färg med blommor gillar jag också att skapa intresse genom att använda olika **texturer i** hela trädgården. Jag kan till exempel plantera ormbunkar under höga solrosor eller hostor **tillsammans med** spetsiga prydnadsgräs. Oavsett vad som händer i livet **lyckas** arbetet i min trädgård alltid hjälpa mig att känna mig mer förknippad med naturen och känna mig i fred med mig själv.

ho trascorso molte ore a lavorare per rendere il mio **giardino** un luogo non solo bello ma anche funzionale. Mi piace osservare gli uccelli che svolazzano in giro e ascoltarli cantare. A volte tiro fuori un libro e leggo in giardino, circondata da tutta la bellezza che ho creato. Il **giardinaggio** è la mia passione e mi porta tanta gioia. Ogni giorno nel mio giardino è un buon giorno.

Una delle cose che amo fare è cucinare, quindi avere un giardino di erbe aromatiche ben fornito è molto **importante** per me. Timo, basilico, origano, rosmarino, salvia e lavanda sono solo alcune delle erbe che mi piace coltivare nel mio giardino per poterle usare quando cucino per me o per gli **ospiti**. Un'altra cosa importante per me quando si tratta del mio giardino è assicurarmi che ci sia molto colore in tutto il giardino. Per raggiungere questo obiettivo, coltivo una grande varietà di fiori, tra cui **rose**, gigli, margherite, tulipani, impatiens, calendule, ecc. Oltre ad aggiungere colore con i fiori, mi piace anche aggiungere interesse utilizzando diverse **texture** in tutto il giardino. Per esempio, potrei piantare felci sotto imponenti girasoli o hosta **accanto a** spigolose erbe ornamentali. Indipendentemente da ciò che accade nella vita, lavorare nel mio giardino **riesce** sempre a farmi sentire più connessa con la natura e in pace con me stessa.

Frågor om förståelse

1. Var ligger författarens trädgård?

2. Hur många höns har författaren?

3. Vad gör författaren i trädgården varje dag?

4. Varför tycker författaren om trädgården?

5. Vilka örter planterar författaren i trädgården?

6. Varför är det viktigt för författaren att det finns många färger i hans trädgård?

7. Hur skapar författaren variation i sin trädgård?

8. Hur känner sig författaren när han arbetar i sin trädgård?

9. Vad är det som gör att författaren känner sig uppslukad när han är i sin trädgård?

10. Varför är varje dag i författarens trädgård en bra dag?

Domande di comprensione

1. Dove si trova il giardino dell'autore?

2. Quanti polli ha l'autore?

3. Che cosa fa l'autore in giardino ogni giorno?

4. Perché all'autore piace il giardino?

5. Quali sono le erbe che l'autore pianta nel giardino?

6. Perché è importante per l'autore che ci siano molti colori nel suo giardino?

7. Come fa l'autore a dare varietà al suo giardino?

8. Come si sente l'autore quando lavora nel suo giardino?

9. Cosa fa sentire l'autore in sintonia quando è nel suo giardino?

10. Perché ogni giorno nel giardino dell'autore è un buon giorno?

Att shoppa

Jag älskar att **shoppa** i köpcentret. Det är alltid så roligt att gå runt och titta på alla olika butiker. Det finns något för alla i köpcentret, och det är alltid ett bra ställe att hitta erbjudanden på kläder, skor och accessoarer. Jag **brukar** börja min shoppingtur med att gå genom köpcentrets **huvudentré.** Därifrån går jag först till mina favoritbutiker. Efter att ha tittat igenom dessa butiker går jag runt och ser om det pågår någon rea på andra ställen. Det slutar oftast med att jag tillbringar ett par timmar i köpcentret innan jag slutligen gör mina inköp. Jag gillar alltid att ta god tid på mig när jag shoppar **eftersom** jag vill vara säker på att jag får **exakt** det jag vill ha. Dessutom är det bara roligare på det sättet!

Jag tycker alltid att det är så **fascinerande** att titta på folk när jag är i köpcentret. Man kan verkligen få reda på mycket om en person genom hur de handlar. Vissa människor är mycket metodiska och tar god tid på sig, medan andra bara verkar ta **allt** de kan och gå till kassan så fort som möjligt. Det finns också de shoppare som verkar mer intresserade av att prata i mobiltelefon eller sms:a än att titta på varorna! Oavsett vilken typ av shoppare du är verkar dock alla tycka om att fönstershoppa - även om du faktiskt inte köper något. Det är bara något med att titta på alla vackra saker i

Fare shopping

Mi piace andare **a fare shopping al** centro commerciale. È sempre molto divertente passeggiare e guardare tutti i diversi negozi. Al centro commerciale ce n'è per tutti i gusti ed è sempre un ottimo posto per trovare offerte su vestiti, scarpe e accessori. **Di solito** inizio il mio shopping attraversando l'**ingresso** principale del centro commerciale. Da lì, mi dirigo prima verso i miei negozi preferiti. Dopo aver dato un'occhiata a quei negozi, vado in giro a vedere se ci sono saldi in corso in altri posti. Di solito trascorro un paio d'ore nel centro commerciale prima di fare i miei acquisti. Mi piace sempre prendermi il tempo necessario per fare shopping**, perché** voglio essere sicura di acquistare **esattamente** ciò che voglio. In più, così è più divertente!

Trovo sempre molto **affascinante** osservare le persone mentre sono al centro commerciale. Si può capire molto di una persona dal modo in cui fa acquisti. Alcune persone sono molto metodiche e si prendono il loro tempo, mentre altre sembrano prendere **tutto quello che** possono e dirigersi alla cassa il più velocemente possibile. Ci sono anche quelli che sembrano più interessati a parlare al cellulare o a mandare messaggi piuttosto che guardare la merce! A prescindere dal tipo

skyltfönstren som gör mig glad. Ibland fantiserar jag om hur det skulle vara om jag hade råd med **allt** jag ser! På det hela taget är en dag i köpcentret en av mina favoritsysselsättningar. Det är ett utmärkt sätt att koppla av och varva ner samtidigt som man får lite motion (om man går runt tillräckligt mycket). Dessutom är det **alltid** trevligt att unna sig en ny skjorta eller ett par skor då och då!

Jag hade haft en **lång** dag på jobbet och hade äntligen lite tid för mig själv, så jag bestämde mig för att shoppa i köpcentret. Jag behövde några nya kläder för den **kommande** säsongen. Så fort jag gick in såg jag alla ljusa lampor och glänsande skyltfönster. Jag gick först till min favoritbutik och började bläddra bland hyllorna. Jag hittade några söta toppar och provade dem i omklädningsrummet. När jag tittade på mig själv i spegeln hörde jag någon komma in i omklädningsrummet bredvid mitt. Jag kände igen rösten som en av mina medarbetare. Vi hälsade på varandra och började prata om jobbet. Efter några minuter blev vi båda färdiga och gick **skilda** vägar, men sprang på varandra igen senare. Vi fortsatte att prata och insåg att vi hade mer gemensamt än vi trodde.

di acquirente, però, sembra che a tutti piaccia guardare le vetrine, anche se non si compra nulla. C'è qualcosa che mi rende felice nel guardare tutte le belle cose nelle **vetrine** dei negozi. A volte fantastico su come sarebbe se potessi permettermi **tutto quello che** vedo! Tutto sommato, trascorrere una giornata di shopping al centro commerciale è uno dei miei passatempi preferiti. È un ottimo modo per rilassarsi e distendersi, facendo anche un po' di esercizio fisico (se si cammina abbastanza). Inoltre, è **sempre** bello concedersi una camicia o un paio di scarpe nuove ogni tanto!

Ho avuto una **lunga** giornata di lavoro e finalmente avevo un po' di tempo per me, così ho deciso di andare a fare shopping al centro commerciale. Mi servivano dei vestiti nuovi per la **prossima** stagione. Appena sono entrata, ho visto tutte le luci e le vetrine scintillanti. Mi sono diretta prima al mio negozio preferito e ho iniziato a sfogliare gli scaffali. Ho trovato alcuni top carini e li ho provati nel camerino. Mentre mi guardavo allo specchio, sentii qualcuno entrare nel **camerino** accanto al mio. Ho riconosciuto la sua voce come quella di una mia collega. Ci siamo salutati e abbiamo iniziato a chiacchierare di lavoro. Dopo qualche minuto, entrambi abbiamo finito e siamo andati per la **nostra** strada, ma ci siamo incontrati di nuovo più tardi. Abbiamo continuato a chiacchierare e ci siamo resi conto di avere in comune più di quanto pensassimo.

Frågor om förståelse

1. Var vill du lagra mest?

2. Vilken är din favoritbutik i köpcentret?

3. Hur länge brukar du stanna i köpcentret?

4. Vad tycker du om människor som tillbringar mycket tid i köpcentret?

5. Vad är din favoritsak att göra på köpcentret?

6. Har du någonsin köpt något på köpcentret när du egentligen inte behövde det?

7. Hur reagerar du när du ser något i köpcentret som du verkligen skulle vilja ha, men som är för dyrt?

8. Har du någonsin sett något i köpcentret och undrat vem som skulle köpa det?

9. Vad tycker du om människor som är upptagna med sina mobiltelefoner i köpcentret i stället för att titta på butikerna?

10. Tycker du att köpcentret är ett bra ställe att träffa vänner på?

Domande di comprensione

1. Dove vi piace di più conservare?

2. Qual è il vostro negozio preferito nel centro commerciale?

3. Quanto tempo si ferma di solito al centro commerciale?

4. Cosa pensa delle persone che trascorrono molto tempo al centro commerciale?

5. Qual è la cosa che preferite fare al centro commerciale?

6. Avete mai comprato qualcosa al centro commerciale quando non ne avevate davvero bisogno?

7. Come reagite quando al centro commerciale vedete qualcosa che vi piacerebbe molto, ma che costa troppo?

8. Avete mai visto qualcosa al centro commerciale e vi siete chiesti chi lo avrebbe comprato?

9. Qual è la sua opinione sulle persone che al centro commerciale sono impegnate con il cellulare invece di guardare i negozi?

10. Pensi che il centro commerciale sia un buon posto per incontrarsi con gli amici?

På marknaden

Jag vaknar tidigt på lördagsmorgonen och är ivrig att ta mig till **marknaden** innan det blir för mycket folk. Jag tar på mig några kläder och går ut genom dörren och tar mina återanvändbara väskor på vägen. Medan jag går börjar jag planera vad jag vill göra för veckan som kommer. Jag vet att jag vill **steka** grönsaker minst en gång, så jag måste köpa grönsaker av god kvalitet. Jag vill också göra en soppa eller gryta, så jag måste köpa lite kött också. Jag får se vad som ser bra ut när jag kommer dit. Marknaden ligger bara några kvarter bort, och jag kan redan se hur stånden står uppställda och hur **folk** rör sig där.

Jag kommer till marknaden och går direkt till grönsaksståndet. Utbudet är vackert och jag fyller mina väskor med en mängd olika **färska** produkter. Jag pratar med bonden en stund och han rekommenderar mig några recept. Jag är förväntansfull och vill prova dem. Jag pratar med **jordbrukarna** medan jag handlar och lär känna dem och deras produkter. När jag har alla grönsaker jag behöver går jag vidare till köttavdelningen. Jag är lite mer tveksam här, eftersom jag inte är säker på vad jag vill köpa. Till slut bestämmer jag mig för kyckling eftersom det är mångsidigt och kan användas i en mängd olika rätter. Jag köper också

Al mercato

Mi sveglio presto il sabato mattina, desiderosa di andare al **mercato** prima che sia troppo affollato. Mi infilo i vestiti e mi avvio verso la porta, prendendo le mie borse riutilizzabili. Mentre cammino, inizio a pianificare quello che voglio fare per la settimana a venire. So che voglio **arrostire le** verdure almeno una volta, quindi dovrò comprare delle verdure di buona qualità. Voglio anche fare una zuppa o uno stufato, quindi dovrò comprare anche della carne. Dovrò vedere cosa c'è di buono quando arriverò lì. Il mercato è a pochi isolati di distanza e vedo già le bancarelle allestite e la **gente** che vi si aggira.

Arrivo al mercato e mi dirigo subito verso il banco delle verdure. La scelta è bellissima e riempio le mie borse con una grande varietà di prodotti **freschi**. Parlo un po' con il contadino e mi consiglia alcune ricette. Non vedo l'ora di provarle. Mentre faccio la spesa, chiacchiero con i **contadini** per conoscere meglio loro e i loro prodotti. Dopo aver preso tutte le verdure che mi servono, passo al reparto carne. Qui sono un po' più titubante, perché non sono sicuro di quello che voglio prendere. Alla fine scelgo il pollo, perché è versatile e può essere utilizzato in diversi piatti. Compro anche alcuni tagli di carne diversi, assicurandomi di prendere

några olika köttstycken och ser till att få gräsbetat nötkött och frigående **kyckling**. Slaktaren var en vänlig man som alltid var glad trots de långa arbetsdagarna. Han lindade in mina kycklingbröst och min biff innan han pratade med mig om sina helgplaner. Jag tog farväl av honom och fortsatte min väg. Jag tog också några ägg och ost från mejeriavdelningen.

Marknaden var full av människor som alla var ivriga att få **tag på de** färska råvaror och det kött som erbjöds. Luften var tjock av lukten av vitlök och lök och ljudet av skratt och samtal fyllde luften. Jag tog mig fram genom folkmassan och plockade ut de andra varor som jag behövde till min veckoaffär. Jag fyllde min **korg** med frukt och grönsaker, pasta och bröd innan jag gick till kassan. Kön var lång, men den gick snabbt. Till slut var de sista **matvarorna** inköpta och det var dags att åka hem. Bilen lastades och körningen hem var lång och tråkig. Trafiken var tung och värmen var tryckande. Till slut körde bilen in på uppfarten och lättnaden var påtaglig. Huset var svalt och tyst och det var en fristad efter marknadens liv och rörelse. Allting ställdes undan och huset var snart tillbaka till sin vanliga lugn och ro. Jag hade allt jag behövde för att laga några **goda** måltider till mig själv och min familj. Det var skönt att vara hemma.

carne di manzo nutrita con erba e **pollo** allevato all'aperto. Il macellaio era un uomo cordiale, sempre allegro nonostante le lunghe ore di lavoro. Mi ha incartato i petti di pollo e la bistecca prima di parlarmi dei suoi programmi per il fine settimana. Lo salutai e proseguii per la mia strada. Ho preso anche delle uova e del formaggio dal reparto latticini.

Il mercato era pieno di gente, tutti desiderosi di mettere le **mani sui** prodotti freschi e sulla carne che venivano offerti. Nell'aria si sentiva l'odore dell'aglio e delle cipolle, e il suono delle risate e delle conversazioni riempiva l'aria. Mi feci strada tra la folla, scegliendo gli altri articoli necessari per la mia spesa settimanale. Riempii il mio **cestino** di frutta e verdura, pasta e pane, prima di dirigermi alla cassa. La fila era lunga, ma si snodava rapidamente. Finalmente gli ultimi acquisti furono fatti ed era ora di tornare a casa. L'auto fu caricata e il viaggio verso casa fu lungo e noioso. Il traffico era intenso e il caldo opprimente. Alla fine l'auto entrò nel vialetto e il sollievo fu palpabile. La casa era fresca e silenziosa ed era un rifugio dopo il **trambusto** del mercato. Tutto fu messo a posto e la casa tornò presto alla sua solita pace e tranquillità. Avevo tutto il necessario per preparare dei piatti **deliziosi** per me e per la mia famiglia. Era bello essere a casa.

Frågor om förståelse

1. Vart är personen på väg?

2. Vad vill personen köpa?

3. Hur många väskor har personen?

4. Hur långt bort ligger marknaden?

5. Vad gör personen just nu?

6. Vad är allt på marknaden?

7. Hur många personer finns på marknaden?

8. Hur lång tid tog det för personen att köpa allt?

9. Hur åkte personen hem?

10. Vad gjorde personen när han eller hon kom hem?

Domande di comprensione

1. Dove sta andando la persona?

2. Cosa vuole comprare la persona?

3. Quante borse ha la persona?

4. Quanto è lontano il mercato?

5. Cosa sta facendo la persona in questo momento?

6. Che cos'è il mercato?

7. Quante persone ci sono nel mercato?

8. Quanto tempo ha impiegato la persona a comprare tutto?

9. Come è tornata a casa la persona?

10. Cosa ha fatto la persona quando è tornata a casa?

På ett café

Det var en kylig höstmorgon och jag hade bestämt mig för att träffa min vän Lily på vårt favoritkafé för att ta en kaffe. Jag svepte in mig varmt i min kappa och halsduk och gick iväg. Löven höll på att falla från träden och luften hade en liten gnutta, men solen sken och det lovade att bli en vacker dag. Medan jag gick **tänkte** jag på hur bra det var att ha en vän som Lily. Vi hade varit vänner i flera år, ända sedan vi träffades på **universitetet**. Vi hade knutit band till varandra genom vår kärlek till kaffe och att tillbringa tid med att prata på kaféer. Även om vi nu bodde i olika delar av staden lyckades vi fortfarande träffas på kaffe en gång i veckan. Jag kom till caféet och Lily var redan där och väntade på mig. Vi kramade varandra hej och beställde sedan våra kaffesorter. Vi hittade ett bord vid fönstret och slog oss ner för att prata. **Kaffet** var utsökt, som alltid, och det var så trevligt att prata med Lily. Vi pratade om vår vecka, våra jobb och våra planer för framtiden. Det var alltid så lätt att prata med Lily och det kändes som om jag kunde berätta allt för henne. Efter ett tag började vi bli hungriga och **bestämde oss för att** beställa lite mat.

Vi **beställde** vår mat och hittade en plats vid fönstret. Solen sken in genom fönstret och fick allt att kännas

In un caffè

Era una fredda mattina **d'autunno** e avevo fissato un appuntamento con la mia amica Lily al nostro bar preferito per un caffè. Mi avvolsi al caldo nel cappotto e nella sciarpa e mi avviai. Le foglie cadevano dagli alberi e l'aria era pungente, ma il sole splendeva e prometteva di essere una bella giornata. Mentre camminavo, **pensavo** a quanto fosse bello avere un'amica come Lily. Eravamo amiche da anni, da quando ci eravamo conosciute all'**università**. Avevamo legato per il nostro amore per il caffè e per il tempo trascorso a chiacchierare nei bar. Anche se ora vivevamo in zone diverse della città, riuscivamo comunque a vederci per un caffè una volta alla settimana. Arrivai al caffè e Lily era già lì ad aspettarmi. Ci salutammo con un abbraccio e poi ordinammo i nostri caffè. Trovammo un tavolo vicino alla finestra e ci sedemmo a chiacchierare. Il **caffè** era delizioso, come sempre, ed è stato così bello recuperare il tempo perduto con Lily. Parlammo della nostra settimana, dei nostri lavori e dei nostri progetti per il futuro. Era sempre così facile parlare con Lily e mi sembrava di poterle dire tutto. Dopo un po' cominciammo ad avere fame e **decidemmo** di ordinare qualcosa da mangiare.

Ordinammo il cibo e trovammo posto vicino alla

varmt och glatt. Vi pratade medan vi åt vår mat och njöt av det enkla nöjet att vara i varandras **sällskap**. Caféet var upptaget, men det kändes inte trångt. Det fanns en känsla av frid och tillfredsställelse i luften. När vi hade ätit upp vår mat satt vi en stund till och njöt av den fridfulla **atmosfären**. Vi pratade en stund om olika saker som hade hänt i våra liv. Det var så skönt att få prata med min vän och bara **slappna av**. Solen sken genom fönstret och det kändes som om **ingenting** kunde förstöra vår perfekta dag.

Plötsligt hörde jag en hög ljudlig krasch. Jag vände mig om och såg att en man hade fallit genom taket och låg på golvet framför oss. Han var **täckt av** damm och skräp och verkade vara medvetslös. Min vän och jag var båda i chock när vi stirrade på mannen som låg på golvet. Vi visste inte vad vi skulle göra eller vem vi skulle ringa efter hjälp. Vi satt bara där och stirrade på honom utan att veta vad vi skulle göra. Efter några minuter kom jag till mig själv och ringde 112. Operatören sa till mig att någon skulle vara där snart. Jag lade på luren och berättade för min vän vad **operatören** hade sagt. Vi båda satt bara där och väntade på att hjälpen skulle komma. Det kändes som en evighet, men till slut **kom** en ambulans. Ambulanspersonalen rusade in och började arbeta med mannen. De konstaterade snabbt att han var skadad och behövde föras till **sjukhus**.

finestra. Il sole entrava dalla finestra, rendendo tutto più caldo e felice. Chiacchierammo mentre mangiavamo, godendoci il semplice piacere di stare in **compagnia**. Il caffè era affollato, ma non sembrava affollato. C'era una sensazione di pace e soddisfazione nell'aria. Finito il cibo, ci sedemmo ancora per un po', godendoci l'**atmosfera** tranquilla. Abbiamo parlato per un po' di cose diverse che stavano accadendo nelle nostre vite. È stato così bello recuperare il tempo perduto con la mia amica e **rilassarsi**. Il sole splendeva attraverso la finestra e sembrava che **nulla** potesse rovinare la nostra giornata perfetta.

All'improvviso sentii un forte schianto. Mi girai e vidi che un uomo era caduto dal soffitto e giaceva sul pavimento di fronte a noi. Era **coperto** di polvere e detriti e sembrava privo di sensi. Io e il mio amico eravamo entrambi sotto shock mentre fissavamo l'uomo steso sul pavimento. Non sapevamo cosa fare o chi chiamare aiuto. Rimanemmo lì a fissarlo, senza sapere cosa fare. Dopo qualche minuto mi sono ripreso e ho chiamato il 911. L'operatore mi disse che qualcuno sarebbe arrivato presto. Riattaccai il telefono e raccontai al mio amico quello che mi aveva detto l'**operatore**. Rimanemmo entrambe sedute ad aspettare l'arrivo dei soccorsi. Sembrava un'eternità, ma alla fine **arrivò** un'ambulanza. I paramedici si precipitarono e iniziarono a lavorare sull'uomo. Hanno subito stabilito che era ferito e che doveva essere portato in **ospedale**.

Frågor om förståelse

1. Varifrån kommer mannen som faller genom taket?

2. Varför är kvinnan med sin väninna på kaféet?

3. Vilket är de två vännernas favoritkafé?

4. Hur länge har de två vännerna känt varandra?

5. Vad är de två vännernas favoritdryck?

6. I vilken stad bor de två vännerna?

7. Hur ofta träffas de två vännerna?

8. Vad pratar de två vännerna om när de först träffas på sitt favoritkafé?

9. Vad är de två vännernas favoritmat?

10. Varför är det så lätt att prata med Lily?

Domande di comprensione

1. Da dove viene l'uomo che cade dal tetto?

2. Perché la donna è con la sua amica nel caffè?

3. Qual è il caffè preferito dai due amici?

4. Da quanto tempo i due amici si conoscono?

5. Qual è la bevanda preferita dai due amici?

6. In quale città vivono i due amici?

7. Quanto spesso si incontrano i due amici?

8. Di cosa parlano i due amici quando si incontrano per la prima volta nel loro caffè preferito?

9. Qual è il cibo preferito dai due amici?

10. Perché è così facile parlare con Lily?

Att simma

Poolen var alltid en **uppfriskande** plats att vara på, och idag var det inte annorlunda. Solen sken och vattnet såg inbjudande ut. Jag tog ett djupt andetag och dök ner och kände vattnets svala omfamning. Jag simmade varv ett tag och njöt av motionen och chansen att rensa huvudet. Efter en stund gick jag ut och torkade mig, och satte mig sedan på en handduk för att slappna av i solen. Jag slöt ögonen och lät **värmen** skölja över mig och kände hur mina muskler började slappna av. Plötsligt hörde jag ett plask och öppnade ögonen för att se min lillasyster **paddla** runt i den grunda delen. Jag log och tittade på henne en stund, sedan reste jag mig upp och gick över till henne. Vi pratade lite och paddlade runt tillsammans och njöt av varandras sällskap. Snart anslöt sig våra föräldrar till oss och vi tillbringade resten av eftermiddagen med att simma och spela spel tillsammans. Det var alltid så trevligt att tillbringa tid med familjen vid poolen. Det är **något** med att vara i vattnet som bara verkar föra människor samman. Kanske beror det på att vi alla är lika när vi är i vattnet - vi kan inte dölja våra brister eller låtsas vara något vi inte är. Eller kanske är det bara för att det är roligt! **Oavsett vad** anledningen är så var jag bara glad att vi alla kunde samlas och njuta av varandras sällskap på en så speciell plats.

Andare a nuotare

La piscina era sempre un luogo **rinfrescante** e oggi non era diverso. Il sole splendeva e l'acqua sembrava invitante. Feci un respiro profondo e mi tuffai, sentendo il fresco abbraccio dell'acqua. Nuotai per un po', godendomi l'esercizio e la possibilità di schiarirmi le idee. Dopo un po' uscii e mi asciugai, poi mi sedetti su un asciugamano per rilassarmi al sole. Chiusi gli occhi e lasciai che il **calore** mi avvolgesse, sentendo i miei muscoli iniziare a rilassarsi. All'improvviso sentii uno spruzzo e aprii gli occhi per vedere la mia sorellina **che sguazzava** nel basso fondale. Sorrisi e la osservai per un po', poi mi alzai e mi avvicinai a lei. Chiacchierammo per un po' e pagaiarono insieme, godendo della reciproca compagnia. Presto i nostri genitori ci raggiunsero e passammo il resto del pomeriggio nuotando e giocando insieme. Era sempre così bello passare del tempo con la famiglia in piscina. C'è **qualcosa** nello stare in acqua che sembra unire le persone. Forse perché quando siamo in acqua siamo tutti uguali, non possiamo nascondere i nostri difetti o fingere di essere ciò che non siamo. O forse è solo perché è divertente! **Qualunque sia** la ragione, mi ha fatto piacere che ci siamo riuniti tutti insieme e che ci siamo goduti la reciproca compagnia in un luogo così speciale.

Solen slog ner på min hud och lukten av klorin låg i luften. Jag kunde höra ljudet av barn som skrattade och plaskade runt i poolen. Jag låg på en solstol vid poolen, tog in solen och **njöt av** dagen. Jag hade ögonen stängda och skulle precis somna när jag hörde någon komma fram till mig. Jag öppnade ögonen och såg en kvinna stå bredvid mig. Hon hade en bikini på sig och en handduk lindad runt midjan. Hon hade långt blont hår och blå ögon. Hon höll en flaska **solkräm i** handen. "Har du något emot att jag smörjer in din rygg med solkräm?" frågade hon. "Nej, det är okej", sa jag och satte mig upp så att hon kunde nå min rygg. Jag kände hennes händer på min hud när hon applicerade solkrämen.

Hennes beröring var mild och doften av solkrämen var lugnande. Jag slöt ögonen igen och lät mig slappna av. Jag kunde höra **ljudet av att** hon rörde sig, men jag öppnade inte ögonen. Jag var nöjd med att bara ligga där i solen och lyssna på ljudet av vågorna **som slog** mot stranden. Efter några minuter gick hon iväg och jag öppnade ögonen. Jag tittade på henne när hon gick tillbaka till sin solstol och plockade upp sin bok. Hon satte sig i stolen och började läsa. Jag stängde ögonen igen och lät mig glida in i sömnen. Jag **drömde** att jag simmade i poolen och gjorde varv fram och tillbaka. Vattnet var uppfriskande och svalkande på min hud.

Il sole batteva sulla mia pelle e l'odore di cloro era nell'aria. Sentivo il rumore dei bambini che ridevano e sguazzavano nella piscina. Ero sdraiata su una sedia a **sdraio** accanto alla piscina, a prendere il sole e a **godermi la** giornata. Avevo gli occhi chiusi e stavo per addormentarmi quando sentii qualcuno avvicinarsi a me. Aprii gli occhi e vidi una donna in piedi accanto a me. Indossava un bikini e aveva un asciugamano avvolto intorno alla vita. Aveva lunghi capelli biondi e occhi azzurri. Aveva in mano un flacone di **crema solare**. "Ti dispiace se ti metto un po' di crema solare sulla schiena?", mi chiese. "No, va bene", risposi, sedendomi in modo che potesse raggiungermi la schiena. Sentii le sue mani sulla mia pelle mentre applicava la crema solare.

Il suo tocco era delicato e il profumo della crema solare era rilassante. Chiusi di nuovo gli occhi e mi rilassai. Sentivo il **rumore** dei suoi movimenti, ma non aprii gli occhi. Mi accontentai di stare sdraiato al sole, ascoltando il rumore delle onde **che si infrangevano** sulla riva. Dopo qualche minuto si allontanò e io aprii gli occhi. La guardai mentre tornava alla sua poltrona e prendeva il suo libro. Si sistemò sulla sedia e iniziò a leggere. Chiusi di nuovo gli occhi e mi lasciai andare al sonno. **Sognai** che stavo nuotando in piscina, facendo dei giri avanti e indietro. L'acqua era rinfrescante e fresca sulla mia pelle.

Frågor om förståelse

1. Var befann sig berättaren när han började berättelsen?

2. Vad luktar berättaren när han öppnar ögonen?

3. Vad hör berättaren när han öppnar ögonen?

4. Vems solkräm ger kvinnan berättaren?

5. Vad drömmer berättaren om?

6. Varför är det så speciellt för berättaren att simma i havet?

7.Hur känns vattnet som berättaren simmar i?

8. Vad ser berättaren när han kommer upp ur vattnet?

9. Vad gör kvinnan efter att hon har smörjt in berättaren med solkräm?

10. Vad pratar berättaren och kvinnan om i slutet av berättelsen?

Domande di comprensione

1. Dove si trovava il narratore quando ha iniziato la storia?

2. Che odore sente il narratore quando apre gli occhi?

3. Cosa sente il narratore quando apre gli occhi?

4. Di chi è la crema solare che la donna dà al narratore?

5. Che cosa sogna il narratore?

6. Perché il bagno in mare è così speciale per il narratore?

7.Come si sente l'acqua in cui nuota il narratore?

8. Cosa vede il narratore quando esce dall'acqua?

9. Cosa fa la donna dopo aver messo la crema solare al narratore?

10. Di che cosa parlano il narratore e la donna alla fine della storia?

Klippning av gräsmattan

Klockan är 10 på förmiddagen en **sommarlördag och** solen slår redan obarmhärtigt ner. Du går ut i garaget för att hämta gräsklipparen och känner dig som om du är **dömd** till hårt arbete. Du börjar klippa gräsmattan och ser till att gå lugnt och sakta så att du inte missar några ställen. Medan du klipper tänker du på hur bra det känns att vara ute i den friska luften. När du börjar skjuta gräsklipparen fram och tillbaka över gräsmattan ser du din granne ur **ögonvrån**. Du vinkar och säger hej, och han vinkar tillbaka.

Efter några minuter är du klar och går till din granne för att ta en öl med honom i trädgården. Det är en **perfekt** dag - inte för varmt, med en lätt bris som blåser. Du sitter där i skuggan av trädet, dricker din öl och pratar med din granne. Det är sådana här dagar som gör att man uppskattar sommaren. Sedan **går** du in och tar en välförtjänt öl. Du slår dig ner i en stol på verandan, öppnar burken och suckar nöjt. Ljudet från gräsklipparen försvinner i bakgrunden medan du slappnar av i skuggan och njuter av stundens **lugn.** Ölet smakar extra gott efter allt hårt arbete i värmen. Jag skulle just gå in när jag hörde ett ljud i grannhuset.

Tagliare il prato

Sono le 10 del mattino di un **sabato** estivo e il sole picchia già senza pietà. Si va in garage a prendere il tosaerba, con la sensazione di essere **condannati** ai lavori forzati. Iniziate a tagliare il prato, facendo attenzione ad andare piano per non perdere nessun punto. Mentre si taglia, si pensa a quanto sia bello stare all'aria aperta. Mentre iniziate a spingere il tosaerba avanti e indietro per il prato, con la coda dell'**occhio** vedete il vostro vicino. Lo salutate con la mano e lui ricambia.

Dopo qualche minuto, avete finito e vi recate a casa del vostro vicino per bere una birra con lui nel giardino davanti a casa. È una giornata **perfetta**: non fa troppo caldo e soffia una leggera brezza. Ci si siede all'ombra dell'albero, sorseggiando la birra e chiacchierando con il vicino. Sono giornate come questa che fanno apprezzare l'estate. Poi si **entra** in casa per una meritata birra. Ci si sdraia su una sedia del portico e si apre la lattina, tirando un sospiro soddisfatto. Il rumore del tosaerba passa in secondo piano mentre vi rilassate all'ombra, godendovi la **tranquillità del** momento. La birra ha un sapore ancora più buono dopo tutto quel

Det **lät** som om någon grät. Jag slutade klippa och gick över till staketet som skiljde våra trädgårdar åt. Jag tittade över och såg min granne, Mrs Johnson, gråta på sin verandagunga. Jag ropade på henne, men hon hörde mig inte. Jag klättrade över staketet och gick över till henne. "Mrs Johnson, mår ni bra?" Jag frågade. Hon tittade upp på mig med tårar i ögonen och skakade på huvudet. "Nej, jag mår inte bra", sade hon. "Min katt dog i går." Jag blev chockad. Jag visste inte vad jag skulle säga. Jag stod bara där obekvämt och visste inte vad jag skulle göra. Till slut lade jag min hand på hennes **axel** och sa: "Jag är så ledsen, mrs Johnson. Om det finns något jag kan göra för att hjälpa till, så säg till. " Hon skakade på huvudet och sa: "Nej, det finns **ingenting som** någon kan göra". Sedan reste hon sig upp och gick in i sitt hus. Jag stod där en stund och visste inte vad jag skulle göra. Sedan återgick jag till att klippa min gräsmatta. När jag var klar kunde jag inte låta bli att tänka på Mrs Johnson och hennes katt.

duro lavoro al caldo. Stavo per rientrare in casa quando ho sentito un rumore nella stanza accanto.

Sembrava che qualcuno stesse piangendo. Smisi di falciare e mi avvicinai alla recinzione che separava i nostri cortili. Mi affacciai e vidi la mia vicina, la signora Johnson, che piangeva sul dondolo del suo portico. La chiamai, ma non mi sentì. Scavalcai la recinzione e mi avvicinai a lei. "Signora Johnson, sta bene?". Le chiesi. Lei mi guardò con le lacrime agli occhi e scosse la testa. "No, non sto bene", disse. "Ieri è morto il mio gatto". Ero scioccato. Non sapevo cosa dire. Rimasi lì impacciato, senza sapere cosa fare. Alla fine le misi una mano sulla **spalla** e dissi: "Mi dispiace molto, signora Johnson. Se posso fare qualcosa per aiutarla, me lo faccia sapere". "Lei scosse la testa e disse: "No, nessuno può fare **niente**". Poi si alzò ed entrò in casa sua. Rimasi lì per un momento, senza sapere cosa fare. Poi tornai a tagliare il prato. Mentre finivo, non potei fare a meno di pensare alla signora Johnson e al suo gatto.

Frågor om förståelse

1. Vad är klockan?

2. Var är personen som klipper?

3. Hur känner sig personen?

4. Varför måste personen klippa långsamt?

5. Vad är det för väder?

6. Vad gör personen efter gräsklippningen?

7. Vad hör personen innan han går hem?

8. Vem är med Mrs Johnson?

9. Varför gråter fru Johnson?

10. Vad säger personen till fru Johnson?

Domande di comprensione

1. Che ora è?

2. Dove si trova la persona che sta falciando?

3. Come si sente la persona?

4. Perché la persona deve falciare lentamente?

5. Che tempo fa?

6. Cosa fa la persona dopo la falciatura?

7. Cosa sente la persona prima di tornare a casa?

8. Chi è con la signora Johnson?

9. Perché la signora Johnson piange?

10. Cosa dice la persona alla signora Johnson?

Att klippa sig

Jag hade tänkt klippa mig i flera veckor, men på något sätt lyckades jag alltid skjuta upp det. Men med **julen** runt hörnet visste jag att jag inte kunde skjuta upp det längre. Jag ville inte dyka upp till familjens julmiddag och se ut som en slarvig röra. Så tidigt på juldagsmorgonen begav jag mig till salongen. Trots att det var tidigt var salongen redan upptagen med andra människor som **skulle** fixa håret inför julen. Jag tog plats i kön och väntade på min tur. Slutligen var det min tur i stolen. Stylisten, en vänlig kvinna vid namn Jill, frågade mig vad jag ville ha. “Bara en trimning, inget alltför drastiskt”, svarade jag. Jill började arbeta och klippte bort mitt hår. Medan hon arbetade började jag slappna av. Det kändes bra att äntligen ta hand om mig själv. Jag hade varit så upptagen den senaste tiden, jag hade sprungit runt och tagit hand om alla andra, att jag hade låtit mina egna behov falla bort. Men inte **längre**. Från och med nu skulle jag ta mig tid för mig själv.

När Jill var klar tittade jag mig i spegeln och var nöjd med vad jag såg. Mitt hår såg snyggt och polerat ut - perfekt för semestermöten. Jag **tackade** Jill och gjorde en **mental** anteckning om att komma tillbaka oftare. Från och med nu kommer jag att ta hand om mig själv först och främst. Hon började arbeta med att klippa

Tagliarsi i capelli

Erano settimane che volevo tagliarmi i capelli, ma in qualche modo riuscivo sempre a rimandare. Ma con il **Natale** alle porte, sapevo che non potevo più rimandare. Non volevo presentarmi alla cena di Natale della mia famiglia con un aspetto trasandato. Così, la mattina presto di Natale, mi sono recata al salone. Anche se era presto, il salone era già pieno di persone che **si facevano** fare i capelli per le feste. Presi posto nella fila e aspettai il mio turno. Finalmente arrivò il mio turno sulla poltrona. La parrucchiera, una donna gentile di nome Jill, mi chiese cosa volessi. "Solo una spuntatina, niente di troppo drastico", risposi. Jill si mise al lavoro, tagliando i miei capelli. Mentre lavorava, cominciai a rilassarmi. Mi sentivo bene a prendermi finalmente cura di me stessa. Ultimamente ero stata così occupata a correre in giro per prendermi cura di tutti gli altri, che avevo lasciato cadere in secondo piano i miei bisogni. Ma **ora** non **più**. D'ora in poi avrei trovato il tempo per me stessa.

Quando Jill ha finito, mi sono guardata allo specchio e sono rimasta soddisfatta di ciò che ho visto. I miei capelli avevano un aspetto ordinato e curato, perfetto per le feste. **Ringraziai** Jill e presi **nota** di tornare più spesso. D'ora in poi mi prenderò cura di me

mitt hår. Jag tänkte på hur tacksam jag var för att jag äntligen hade hunnit klippa mig. Det kändes bra att veta att jag skulle se presentabel ut till **julmiddagen**. Jag skulle inte längre behöva oroa mig för att min familj skulle retas med mig om mitt “slarviga” utseende. Efter några minuter var stylisten klar med att klippa mitt hår och gav mig en snabb föning. Jag tittade i spegeln och var nöjd med vad jag såg - en ren frisyr som skulle passa perfekt till julmiddagen. Nu när min klippning var avklarad kunde jag fokusera på att njuta av julen med min familj. Och det var jag ännu mer tacksam för.

Det kändes så **befriande** och jag älskade hur min nya frisyr såg ut. När jag hade betalat för frisyren gick jag hem och började packa för min resa. Jag **kunde inte** vänta på att få visa upp min nya look för min familj och mina vänner. Jag visste att de skulle bli förvånade när de såg mig. På dagen för mitt flyg anlände jag till flygplatsen med gott om tid över. Jag gick igenom säkerhetskontrollen utan några problem och snart var jag på väg. Så snart jag kom fram till min destination kunde jag känna spänningen i luften. Julen låg definitivt i luften! Min familj var där för att välkomna mig på flygplatsen, och de var alla förvånade över min nya frisyr. Vi tillbringade de närmaste dagarna med att **prata** och njuta av varandras **sällskap**.

stessa prima di tutto. Si mise al lavoro per tagliare i miei capelli. Pensai a quanto fossi grata di essermi finalmente decisa a tagliarmi i capelli. Era bello sapere che sarei stata presentabile per la **cena** di Natale. Non avrei più dovuto preoccuparmi che la mia famiglia mi prendesse in giro per il mio aspetto "trasandato". Dopo qualche minuto, la parrucchiera finì di tagliarmi i capelli e mi diede una rapida asciugata. Mi guardai allo specchio e fui felice di ciò che vedevo: un look pulito che sarebbe stato perfetto per la cena di Natale. Ora che il taglio di capelli era stato superato, potevo concentrarmi sulle vacanze con la mia famiglia. Ed ero ancora più grata per questo.

Mi sentivo così **libera** e adoravo l'aspetto del mio nuovo taglio di capelli. Dopo aver pagato il taglio, sono tornata a casa e ho iniziato a fare i bagagli per il mio viaggio. **Non** vedevo l'ora di mostrare il mio nuovo look alla mia famiglia e ai miei amici. Sapevo che sarebbero rimasti sorpresi quando mi avrebbero visto. Il giorno del volo sono arrivata all'aeroporto con molto tempo a disposizione. Ho superato i controlli di sicurezza senza problemi e presto sono partita. Non appena arrivai a destinazione, sentii l'eccitazione nell'aria. Il Natale era decisamente nell'aria! La mia famiglia era lì ad accogliermi all'aeroporto ed erano tutti stupiti del mio nuovo taglio di capelli. Abbiamo trascorso i giorni successivi a **chiacchierare** e a goderci la reciproca **compagnia**.

Frågor om förståelse

1. Vad måste huvudpersonen göra före jul?

2. Hur kände huvudpersonen för att ta hand om sig själv?

3. Vem klippte huvudpersonens hår?

4. Varför skulle huvudpersonens familj retas med henne?

5. Hur kände sig huvudpersonen efter att ha klippt sig?

6. Vad gjorde huvudpersonen efter att ha klippt sig?

7. Hur reagerade huvudpersonens familj på hennes frisyr?

8. Vad gjorde huvudpersonen på julafton?

9. Vad gjorde huvudpersonens upplevelse mer speciell?

10. Vad skulle hända om huvudpersonen inte klippte sig?

Domande di comprensione

1. Che cosa doveva fare il protagonista prima di Natale?

2. Come si è sentita la protagonista nel prendersi cura di sé?

3. Chi ha tagliato i capelli al protagonista?

4. Perché la famiglia della protagonista la prendeva in giro?

5. Come si è sentita la protagonista dopo essersi tagliata i capelli?

6. Che cosa ha fatto la protagonista dopo essersi tagliata i capelli?

7. Qual è stata la reazione della famiglia della protagonista al suo taglio di capelli?

8. Che cosa ha fatto il protagonista la vigilia di Natale?

9. Cosa ha reso più speciale l'esperienza del protagonista?

10. Cosa succederebbe se il protagonista non si tagliasse i capelli?

Parken

Solen höll på att gå ner och parken var tom. Jag satt på bänken och väntade på min **vän**. Vi hade planerat att träffas här för en timme sedan, men hon var alltid sen. Precis när jag höll på att ge upp och gå hem såg jag henne springa mot mig. "Jag är så ledsen", flämtade hon när hon kom fram till bänken. "Mitt tåg blev **försenat.**" "Det är okej", sa jag **förlåtande**. "Jag kom precis hit själv." Vi satte oss ner och pratade en stund och berättade om varandras liv sedan vi träffades senast. Samtalet flöt **lätt** och det kändes som om det inte hade gått någon tid alls sedan vi sågs senast. När solen gick ner tog vi farväl och gick skilda vägar. Nästa gång vi träffades var det i en annan park. Återigen var hon sen, men det gjorde inget. Det var skönt att ha någon att prata med som **förstod** mig. Vi pratade om våra drömmar och **ambitioner,** saker vi ville göra med våra liv. Hon berättade om sina planer på att resa runt i världen, och jag delade med mig av min dröm om att bli författare. När solen gick ner på en annan dag tog vi farväl ännu en gång och lovade att hålla kontakten den här gången.

Åren gick, och vår **vänskap** förblev stark även om vi nu bodde i olika delar av landet. Vi höll kontakten genom brev och tillfälliga telefonsamtal och delade

Il parco

Il sole stava tramontando e il parco era vuoto. Mi sedetti sulla panchina ad aspettare la mia **amica**. Avevamo programmato di incontrarci qui un'ora fa, ma lei era sempre in ritardo. Proprio quando stavo per arrendermi e tornare a casa, la vidi correre verso di me. "Mi dispiace tanto", ansimò quando raggiunse la panchina. "Il mio treno è **in ritardo**". "Non c'è problema", dissi **con indulgenza**. "Sono appena arrivato anch'io". Ci siamo seduti e abbiamo chiacchierato per un po', aggiornandoci sulle nostre vite dall'ultima volta che ci siamo visti. La conversazione è fluita **facilmente** e ci è sembrato che non fosse passato affatto del tempo dall'ultima volta che ci siamo visti. Al tramonto ci siamo salutati e abbiamo preso strade diverse. La volta successiva ci incontrammo in un altro parco. Anche in questo caso era in ritardo, ma non mi dispiaceva. Era bello avere qualcuno con cui parlare che mi **capisse**. Parlammo dei nostri sogni e delle nostre **aspirazioni**, delle cose che volevamo fare nella nostra vita. Lei mi parlò dei suoi progetti di viaggiare per il mondo e io le confidai il mio sogno di diventare scrittrice. Al tramonto di un altro giorno, ci siamo salutate ancora una volta, promettendo di tenerci in contatto questa volta.

Gli anni sono passati e la nostra **amicizia** è rimasta forte, anche se ora viviamo in zone diverse del Paese.

nyheter från våra liv med varandra. När hon meddelade att hon skulle gifta sig blev jag inte **förvånad** - hon hade alltid varit den **äventyrliga** typen. Men när hon frågade mig om jag ville vara hennes hedersbrudtärna vid hennes bröllopsceremoni som ägde rum på andra sidan jordklotet från där jag bodde... det krävdes en del övertalning! I slutändan kunde jag dock inte låta min bästa väninna gifta sig utan mig vid hennes sida, så trots mina farhågor (och efter mycket bön från henne!) **gick** jag **med på** att följa med på vad som visade sig bli sitt livs **äventyr.**

Bröllopsdagen kom äntligen. Jag var nervös, men glad över att få vara en del av ett så viktigt ögonblick i min väns liv. Ceremonin var vacker och hon såg lycklig ut när hon avgav sina löften. **Efteråt** firade vi med en stor fest - det verkade som om alla hon kände hade kommit för att fira med henne! Det var en **magisk** dag som jag aldrig kommer att glömma, och vår vänskap blev bara starkare efter detta äventyr. Nu, flera år senare, håller vi fortfarande kontakten. Vi har båda **förändrats** mycket sedan vi träffades första gången, men vår vänskap är lika stark som någonsin. När vi träffas - oavsett om det är i en park eller på **andra sidan** jorden - känns det som om ingen tid har gått alls.

Ci siamo tenute in contatto tramite lettere e telefonate occasionali, condividendo le notizie della nostra vita. Quando annunciò che si sarebbe sposata, non ne fui **sorpreso**: era sempre stata un tipo **avventuroso**. Ma quando mi ha chiesto di farle da damigella d'onore alla cerimonia di matrimonio che si sarebbe svolta a metà strada dal luogo in cui vivevo... c'è voluto un po' per convincerla! Alla fine, però, non potevo permettere che la mia migliore amica si sposasse senza di me al suo fianco, così, nonostante le mie paure (e dopo molte suppliche da parte sua!), ho **accettato** di partecipare a quella che si è rivelata l'**avventura** di una vita.

Finalmente è arrivato il giorno del **matrimonio**. Ero nervosa, ma entusiasta di partecipare a un momento così importante della vita della mia amica. La cerimonia è stata bellissima e lei sembrava felice mentre pronunciava le sue promesse. **Dopo**, abbiamo festeggiato con una grande festa: sembrava che tutti i suoi conoscenti fossero venuti a festeggiare con lei! È stato un giorno **magico** che non dimenticherò mai, e la nostra amicizia si è rafforzata dopo quell'avventura. Ora, a distanza di anni, ci teniamo ancora in contatto. Siamo **cambiate** molto da quando ci siamo conosciute, ma la nostra amicizia è più forte che mai. Ogni volta che ci incontriamo, che sia in un parco o **dall'altra parte del** mondo, sembra che il tempo non sia mai passato.

Frågor om förståelse

1. Var träffades författaren och hennes vän första gången?

2. Varför var författarens vän sen till mötet?

3. Vad pratade vännerna om när de träffades igen flera år senare?

4. Hur kändes det för författaren att delta i sin väns bröllopsceremoni?

5. Beskriv hur bröllopsceremonin går till.

6. Hur har vänskapen mellan de två kvinnorna förändrats med tiden?

7. Vad är författarens dröm?

8. Vart planerar författarens vän att resa?

9. Varför tvekade författaren att delta i sin väns bröllopsceremoni?

Domande di comprensione

1. Dove si sono incontrati per la prima volta l'autrice e la sua amica?

2. Perché l'amico dell'autore è arrivato in ritardo all'incontro?

3. Di che cosa hanno parlato gli amici quando si sono rivisti anni dopo?

4. Come si è sentita l'autrice ad assistere alla cerimonia di matrimonio della sua amica?

5. Descrivete l'ambientazione della cerimonia nuziale.

6. Come è cambiata l'amicizia tra le due donne nel corso del tempo?

7. Qual è il sogno dell'autore?

8. Dove intende viaggiare l'amico dell'autore?

9. Perché l'autrice esitava a partecipare alla cerimonia di matrimonio della sua amica?

www.ingramcontent.com/pod-product-compliance
Lightning Source LLC
LaVergne TN
LVHW010604160826
845677LV00013B/3232

* 9 7 9 8 8 4 6 2 5 4 8 6 2 *